www.tredition.de

Sandy Kien

Sandy Kien

Vorsicht, bissiger Hund!

www.tredition.de

© 2017 Sandy Kien

Verlag: tredition GmbH, Hamburg

ISBN
Paperback: 978-3-7439-1783-5
Hardcover: 978-3-7439-1784-2

Printed in Germany

Inhaltsverzeichnis

Liebe Leser!

In der langen Zeit, in der ich nun Hunde halte und züchte, ist mir eines immer wieder aufgefallen. Viel zu vielen Menschen ist nicht mehr bewusst, dass Hunde Raubtiere sind, die eine allzu gefährliche Waffe im Gesicht besitzen, mit der sehr viele auch umzugehen wissen, ohne es gelernt zu haben. Immer wieder bekommen das Menschen am eigenen Leib zu spüren, wenn der liebe Flocki die Nerven wegwirft und zum Killerwolf wird. Bei meiner Arbeit mit nicht oder schlecht erzogenen Hunden ist mir immer wieder aufgefallen, dass die Besitzer das Verhalten ihres Hundes falsch interpretieren, verharmlosen oder auch Respektlosigkeiten einfach negieren. Hunde können beißen, sie haben Kraft und sie haben Geschwindigkeiten, denen wir Menschen einfach nicht gewachsen sind. Einmal freigesetzt, stehen wir dem machtlos gegenüber.

Ein Hund, der bewusst zubeißt, ist bissig. Sich das einzugestehen, ist schon ein riesiger Schritt in Richtung Sicherheit. Zu erkennen, dass der eigene Hund für andere gefährlich werden kann, ein weiterer Schritt, um Unfälle zu vermeiden. Sich aber einzugestehen, einen nicht ungefährlichen Hund zu haben, ist verdammt nicht leicht. Vielleicht kann ich ein wenig helfen, sich über den eigenen Hund klar zu werden oder über diese oder jene Beißattacke einmal richtig nachzudenken, ohne den Hund oder sofort die Unfähigkeit des Besitzers zu verteufeln. Niemand wünscht es sich, vor den Überresten eines blutigen Hundeangriffs zu stehen.

Vorwort

Die meisten Hunde in unserem Umfeld werden als nicht gefährlich eingestuft. „Der tut nix", ist ein vielsagender Ausspruch, der von vielen Hundebesitzern gerne und oft verwendet wird, besonders dann, wenn man der absoluten Überzeugung ist, einen wirklichen Schmusebären zu besitzen, der nie jemanden etwas zuleide tun könnte. Ein Irrglaube, der schon so manchem Hundebesitzer zum Verhängnis geworden ist, nämlich dann, wenn das eigene liebe Bärchen sich den Schmuser aus der Nachbarschaft geschnappt und versucht hat, diesen zu Hundefutter zu verarbeiten. Wir sprechen von Sozialisieren, von Verhalten, auch von Verhaltensstörungen, von Traumatisierungen und von Problemhunden, wenn Hunde etwas tun, womit wir nicht leben können. Im Großen und Ganzen haben wir es zuchttechnisch geschafft, unseren Hunden ein relativ friedliches Wesen anzuzüchten. Dies gilt nicht nur für Rassen wie den Golden Retriever, der allgemein als freundlich und lieb eingestuft wird, sondern auch für den Pitbull oder auch American Staffordshire Bullterrier genannt, den Bullterrier oder auch den Rottweiler.

Solange Freund Hund sich benimmt, wie wir es gerne hätten, ist die Welt in Ordnung. Aber wehe, wenn der Tag kommt, an dem unser braver Sofawolf plötzlich das auspackt, was ihm die Natur mitgegeben hat. Ein Gebiss, das sich allzu schnell als

Waffe umfunktionieren lässt. Die Welt ist am Einstürzen, wenn der Hund dieses Gebiss dazu benutzt, um Artgenossen, oder was noch weit schlimmer ist, uns Menschen, Schaden zuzufügen, indem er zubeißt. Alle Hunde auf unserem Planeten haben, theoretisch gesehen, die Möglichkeit uns zu beißen, uns zu verletzen, etliche auch die Größe, uns zu töten. Die Rasse „Zahnloser Pinschdackelpudel" wurde noch nicht erzüchtet. Wenn man sich aber veranschaulicht, wie viele Hunde eigentlich unter uns Menschen leben, sind Übergriffe doch eher selten. Schwere Unfälle noch viel seltener. Vermutlich ist die Gefahr, bei einem Verkehrsunfall ums Leben zu kommen höher, als von einem Hund gebissen zu werden. Ich wage sogar zu behaupten, dass man noch eher mit einem Flugzeug vom Himmel fällt, bevor man gegen einen Hund anzutreten hat.

Definitiv ist es aber so, dass es immer mal wieder passiert. Hunde beißen Menschen, Hunde beißen Kinder, Hunde können uns sehr schwer verletzen und haben es auch schon getan.

Unglücke, die dazu beigetragen haben, dass es heute Rasselisten gibt. Mit diesen Listen werden Rassen abgestempelt, gefährlicher zu sein als andere. Man versucht also mit diesen Listen, die beißsüchtigen von den ganz friedlichen Rassen zu unterscheiden. Hundetrainer, Hundepsychologen, auch Züchter oder banale Hundeführer wissen, dass das ausgemachter Quatsch ist, denn niemand kann garantieren, dass nicht der

Cocker Spaniel von nebenan irgendwann mal zubeißen wird. Und niemand kann sagen, was dem kleinen, keifenden Yorkie, der zwei Straßen weiter wohnt, in der nächsten Woche einfallen wird.

Ich halte selbst mehrere Hunde, davon auch welche, mit denen nicht zu spaßen ist. Ich weiß durchaus, was es heißt, einen bissigen Hund zu halten, der zwar seiner Familie treu ergeben ist, aber mit Fremden einfach nicht kann und nicht will. Wir waren bereits gezwungen, einen Hund aus unserer Gruppierung einschläfern zu lassen, da er für die Gesellschaft einfach zu gefährlich wurde. Wir halten nicht nur Hunde, die dem allgemeinen Gesellschaftsbild eines lieben Kuschelbären entsprechen, sondern auch solche, die einmal losgelassen, für andere zur tödlichen Gefahr werden können. Ich weiß, wie es ist, auf einen bissigen Hund zu achten, ihn zu halten und zu führen, und nicht immer ist es leicht, mit solchen Hunden in der Gesellschaft umzugehen, da es selten akzeptiert wird, dass solche Hunde so sind, wie sie sind. Kaum einer wird wirklich von seinem Liebling sagen wollen: „Mein Hund ist bissig, Punkt!" Sondern es kommen diverse Ausreden von wegen: „Mein Hund mag dieses nicht, er mag jenes nicht, man darf das nicht mit ihm machen und dieses nicht. Aber er ist nicht bissig."

Wer gibt schon gerne zu, einen bissigen Hund zu haben, der mit einem Problem behaftet ist, und auf den man gesondert zu achten hat, um eben Unfälle zu vermeiden. Und manchen Hundebesitzern fehlt schlicht und einfach die Intelligenz, zu sehen, dass der Schnuffi an der Leine von einem Wesen abstammt, das sein Gebiss benötigte, um Beute zu reißen, welche, unter anderem, auch um etliches größer war, als er selbst. Wölfe töten weder fair, nett noch „menschlich". Wenn es ums Überleben geht, töten sie auch gemein, blutig und grausam. Dazu benötigen sie ein kraftvolles Gebiss, Zähne, die nicht nur fest im Kiefer sitzen, sondern die auch Schaden zufügen können, denn sonst wäre das Reißen von Beute nicht möglich. Dieses Gebiss besitzt ein Großteil unserer Hunde (selbst Hunde mit Kieferdeformierungen, wie der Vorbiss beim Boxer, können zubeißen und Schäden verursachen) heute noch und viele von diesen Tieren wissen auch gezielt damit umzugehen. Vielleicht kann Ihnen dieses Buch helfen, Ihren Hund mit anderen Augen zu betrachten und glücklich mit ihm zu leben, auch wenn er bissig sein sollte.

Spezielle Rassen, die mehr beißen

Gibt's das? Gibt es wirklich Rassen, die beißwütiger sind als andere? Gibt es Rassen, deren Hemmschwelle geringer ist? Kommt es nicht vielleicht doch ein wenig auf den Hund drauf an oder auch auf den Hundeführer?

Ich persönlich finde es verwerflich, bestimmte Rassen einfach zu nehmen, vorzuverurteilen und abzustempeln. Irgendwie hat das was mit Rassismus zu tun und sollte in einer modernen Welt, in der wir leben, nicht mehr vorkommen. Die Medien haben natürlich dazu beigetragen, dass Rottweiler und Co als gefährliche Rassen eingestuft werden, da Beißunfälle mit diesen Rassen natürlich entsprechend heftig ausfallen und sehr gute Medienberichte abgeben. Was ist schon der Biss von einem Dackel, gegen den Biss eines sogenannten Kampfhundes. Ein Rottweiler hat ohne Zweifel eine weit höhere Beißkraft, als ein Jack Russell, und Verletzungen sehen definitiv anders aus, wenn so ein großer Hund zugebissen hat. Sollte ein Golden Retriever oder ein süßer Lassiehund zubeißen, sehen die Verletzungen gegenüber zum Yorkie oder Westie auch anders aus. Nachdem das aber nicht unbedingt die Sensationslust der Menschen hebt, wird man von diesen Beißunfällen kaum etwas hören.

Absolut jeder Hund (außer vielleicht die zahnlosen alten) hat diese furchtbare Waffe im Gesicht, mit der er verheerende Schäden anrichten kann. Selbst der Zwicker von einem Chihuahua ist schmerzhaft, hat aber ganz sicher nicht die Reichweite, wie der Zwicker eines Bernhardiners. Durch die Bank gibt es mit Sicherheit nicht einen Rassevertreter, der nicht irgendwann einmal zugebissen hätte. Entweder aus einer Situation des „nicht Verstehens", aus Angst oder eben aus einer Aggression heraus. Nachdem die Zahl der Schäfer und Schäfermischlinge in unserem Land sehr hoch ist, dürften wohl diese Rassen die Beißstatistiken anführen. Das hat allerdings nichts damit zu tun, dass diese Hunde mehr beißen oder aggressiver sind. Es gibt einfach sehr viele von ihnen. Ein Dogo Argentino ist weniger weit verbreitet, um nicht zu sagen selten, also wird man nicht ganz so oft über Beißunfälle mit dieser Rasse hören. Auch Rottweiler, Pitbull und Co sind weniger weit verbreitet, weswegen die Statistiken nicht unbedingt von diesen Rassen angeführt werden.

Für meinen Geschmack ist es ziemlich egal, ob ein Pitbull, ein Rotti oder ein Goldi zubeißen. Ein Hund, der sauer ist, entwickelt Zorn und Wut, egal welcher Rasse er angehört, und er hat durchaus die Kraft und die Fähigkeit, uns Menschen schweren Schaden zuzufügen, da Hundezähne nunmal ursprünglich für das Halten und Töten von Beute gemacht worden sind. Ein „Reißzahn" heißt nicht aus Spaß „Reißzahn", da ein Wolf damit seine Beute „reißt". Das heißt, Wölfe töten nicht durch einen

Kehlbiss, wie es Raubkatzen machen, sondern sie sind Hetzjäger, die ihre auserkorene Beute jagen, indem sie sie hetzen, bis die Beute einfach nicht mehr kann, um sie dann in Gemeinschaftsarbeit zu töten. Dabei wird die Beute zusammen niedergerissen, der es dann nicht mehr möglich ist, aufzustehen, zu fliehen oder sich zu wehren. Dem Tod kann die Beute dann durch viele Bisse in den Hals, Brust und Bauchbereich nicht mehr entgehen. Kleinere Beutetiere, wie Kaninchen, Ratten oder die Jungtiere von Schalenwild werden mit einem einzigen Biss und durch kraftvolles Schütteln, meist in den Rückenbereich, getötet. Damit bricht der Wolf der Beute das Rückgrat oder das Genick. Die Zähne dienen zudem noch dazu, große Fleischstücke aus der Beute herauszureißen und zu verschlingen. Ein Wolf kaut nicht, so wie wir es tun, sondern schlingt so schnell wie möglich, so viel wie möglich hinunter. Haut, Haare, Knochen, eigentlich bleibt nichts übrig. Alles wird verdaut.

Solche Dinge wollen wir uns mit unserem Hund nicht vorstellen. Ein Hund, der ein Kaninchen jagt, es erbeutet, totbeißt und schließlich vertilgt, ist nicht unbedingt das, was wir haben wollen. Und doch gibt es Leute, die genau dies mitgemacht haben. Zwei Hunde, die irgendwo im Wald plötzlich Wild aufscheuchen und es jagen. Es wird gebrüllt, geschrien, aber die Hundeohren schalten auf Durchzug. Die Hundebesitzer machen sich Sorgen, suchen ihre Hunde, haben Angst um sie. Irgendwann gibt man die Suche auf, fährt nach Hause, wartet, ob die Hunde ihren

Weg wohl allein ins wohlvertraute Heim finden. Tatsächlich kommen sie nach Stunden zurück, das Fell blutverschmiert und versaut. Es lässt sich nur erahnen, was dort draußen im Wald passiert ist. Herausfinden wird man es wohl nicht, sondern einfach versuchen, besser aufzupassen.

Und keine Rasse ist von dieser Möglichkeit, sich ohne Zugriff des Besitzers im Wald auf die Jagd zu begeben, ausgenommen. Natürlich spielt auch hier die Größe wieder eine Rolle. Ein großer, langbeiniger Hund wird bessere Jagdchancen haben, als ein kleiner, kurzbeiniger oder gar sehr beleibter Hund. Auch wird ein kleiner Hund nicht die Schäden anrichten können, wie ein großer. Doch ich kann wieder nur anfügen, es sollte keine Rasseliste geben, denn jeder Hund hat Zähne, jeder Hund kann beißen und braucht es nicht zu lernen, und auch jeder Hund kann Freude, wie auch Angst oder Wut empfinden. Er kann es uns lediglich nicht sagen, sondern nur das benutzen, was er von der Natur aus mitbekommen hat. Seine Körpersprache, sein natürliches Verhalten und zum Schluss auch seine Zähne, die er dann einsetzt, wenn nichts anderes mehr hilft. Das Einzige, was man kleinen Hunden zugutehalten kann, ist, dass sie nicht unbedingt die Körpermasse besitzen, um großen Schaden anzurichten, was aber nicht heißen soll, dass sie es nicht können, denn es gab bereits kleine Hunde, die in den Kinderwagen zu dem Neugeborenen gesprungen sind und es aus reiner Eifersucht gebissen, auch getötet, haben.

Es gibt auch immer wieder ganz kleine Hunde, die die eigenen Kinder zu Hause zwicken und beißen, dabei auch blutige Spuren hinterlassen, weil man verabsäumt hat, dem Kind zu zeigen, dass der Hund kein Spielzeug ist, und auch nicht daran gedacht hat, dem Hund Grenzen zu setzen, die er manchmal braucht. Man kann also generell nicht sagen, diese oder jene Rasse ist gefährlicher als die andere, denn in gewissen Situationen kann jede Rasse in ihrer Form gefährlich werden.

Die Gefühle eines Hundes

Hunde sind eine Sache, Hunde sind Tiere, Hunde sind minderwertig, Hunde haben keine Seele und sie haben keine Gefühle. Sie handeln nur nach einem instinktiven Muster! Das ist vermutlich die sachliche Definition, wenn Studierte und Gelehrte von Tieren sprechen. Kaum einer von uns Menschen käme auf die Idee, ein Tier als klüger zu bezeichnen, denn wir sind das Klügste, was die Evolution hervorgebracht hat (menschliches Gedankengut).

Auch vor dem Gesetz wird der Hund nicht als eigene Persönlichkeit angesehen, sondern als banale Sache. Es wird ihm kein Fünkchen Verstand eingeräumt. Menschen, die mit Tieren nichts zu tun haben, werden das natürlich bestätigen und unterstreichen. Wir Hundemenschen wissen es nicht nur besser, sondern wir bekommen es jeden Tag vorgelebt. Ein Hund, der sich einen Ast abfreut, wenn Frauli nach Hause kommt. Ein Hund, der sichtbar trauert, wenn sein Herrli gestorben ist. Ein Hund, der sich beleidigt in seinen Korb verzieht und schmollt, weil er eine aufs Dach bekommen hat. Ein Hund, der spürt, wenn es seinem Menschen schlecht geht, kommt, und sich sanft in dessen Seele schummelt. Ein Hund, der wütend seinen Artgenossen verbeißt, da er von diesem angepöbelt worden ist, oder auch ein Hund, der zwickt, weil er Frust mit sich herumträgt. Ein Hund, der grantig und voller Eifersucht einen anderen verdrängt, weil Frauli es gewagt hat, ihn zu streicheln. Das sind definitiv menschliche Gefühle, die wir einem Hund nicht zugestehen wollen, die er aber hat. Wir wissen, dass ein Hund Freude, Angst, auch Aggression, genau wie wir Menschen, empfindet, aber wir wollen nur die ersten beiden Gefühlszonen sehen und akzeptieren. Freude, jeder mag es, wenn sein Hund voll Begeisterung bei der Sache ist oder sich freut, wenn wir vom Einkauf nach Hause kommen. Angst beim Hund löst in uns das Bedürfnis aus, ihn zu schützen und zu bemuttern. Es gibt Menschen, die die Angst eines Hundes verurteilen und den ängstlichen Hund als „schlecht" abstempeln, denn ein Hund hat furchtlos zu sein. Für solche Menschen habe ich nur ein zartes Lächeln übrig. Jedes Lebewesen empfindet irgendwann mal Angst. Der eine schneller, der andere weniger schnell, der Nächste kaum. Dies als „schlecht" abzutun, kann wohl nur Menschen passieren, die sich selbst als sehr stark und unverwundbar vorkommen. Angst mahnt zur Vorsicht und Vorsicht kann das eigene Leben retten. Kein Mensch ist schlecht, weil er Angst empfindet, somit kann auch kein Hund schlecht sein, der vielleicht ängstlicher ist, als so manch anderer. Es liegt an uns, mit seiner Angst umzugehen.

Genauso verhält es sich mit Aggression. Es wird immer wieder behauptet, Aggression wäre eine anerzogene Eigenschaft, denn kein Hund wäre von sich aus aggressiv. Wie viele Menschen gibt es aber, die einen Hund an der Leine führen, der sich wie ein tollwütiger Tarzan gebärdet, sobald er seinem Erzfeind begegnet, den er auf den Tod nicht ausstehen kann. Oder Hunde, die momentan heftig reagieren, wenn sie von der falschen Hand gestreichelt werden. Hunde, die knurrend ihr Spielzeug verteidigen, wenn es ihnen weggenommen werden soll. Ein brummender, keifender oder auch Rückenhaare aufstellender Hund zeigt Aggression, in welcher Dimension auch immer. Aggression gehört zu unserem Leben dazu, wie Freude, Angst oder Frust. Auch wir können gewisse Menschen einfach nicht riechen und gehen ihnen aus dem Weg, bevor es zu einem näheren Kontakt kommt. Stellen Sie sich vor, jemand käme auf Sie zu, den Sie total unsympathisch finden, und dieser jemand erdreistet sich, Ihnen über den Kopf zu streichen, weil er Sie vielleicht „süß" findet. Ich glaube, an dieser Stelle ist gewiss eine Ohrfeige fällig. Das hat natürlich nichts mit Aggression zu tun ...

Kinder zeigen dieses Verhalten wesentlich offener und effektiver. Es gibt Menschen, die finden gewisse Kinder oder auch Babys niedlich und haben das dringende Bedürfnis, dieses Kind oder auch jenen Säugling anzufassen. Einfach die Haut zu berühren, weil der kleine Zwerg oder auch das Kleinkind zum „Anbeißen" ausschaut. Greift man hin, wehrt sich das Kleinkind, indem es sich hinter der Mama versteckt, sich wegdreht, zurückweicht oder auch schon mal die Hand wegschlägt. Säuglinge fangen vielleicht hemmungslos an zu weinen, eine andere

Waffe haben sie nicht. Zeigt ein Hund vielleicht selbiges Verhalten, indem er jemanden abwehrt, heißt es, der Hund ist schlecht und aggressiv, vielleicht sogar nicht sozialisiert. Beim Säugling wird gelacht, beim Hund folgen Anzeigen!!!

Hunde haben angeborene Verhaltensweisen. Aber viele Verhaltensweisen sind ihm bewusst oder auch unbewusst antrainiert worden, oder er hat sie sich selbst angeeignet, weil ihn sein Umfeld so geformt hat. In meinem Rudel wird mir immer wieder bewiesen, dass Welpen wie auch Junghunde mit harten Bandagen die Körpersprache der Alttiere erlernen müssen. Freude, Angst, Frust, Aggression, all diese menschlichen Gefühle finden sich in einem Hund wieder und jeder Hund geht anders damit um. Während sich der eine vielleicht schmollend in eine Ecke verrollt, schnappt sich der andere bewusst einen Schwächeren, um seine eigenes Ego wieder etwas aufzupolieren. Manche Hunde innerhalb eines Rudels finden es auch spannend, einen Rangniederen dazu zu zwingen, sich zu unterwerfen. Jeder hat so sein eigenes Muster, sein Image zu verbessern. Das ist weder angeboren, antrainiert, sondern die Persönlichkeit Ihres Hundes. Immer wieder werden Hunde, die einer bestimmten Rasse angehören, in einen Topf geworfen. Pitbulls, eine Rasse die jeder kennt, werden gerne als böse, gemein, hinterhältig und beißlustig bezeichnet. Dem Rottweiler ergeht es nicht viel besser. Eine Rasse, mit der Tendenz zum Bösen. Der Border Collie, auch eine Rasse, die nahezu jeder kennt, gilt generell als freundlich, als das Nonplusultra des Hütehundes, in unseren Breiten schon als das Sinnbild des Agility-Meisters. Der Golden Retriever, kennt auch jeder, familien- und kinderfreundlich, folgsam, brav. Ein Cocker Spaniel, aber ... wer würde denn dem langohrigen, triefäugigen Cocker Spaniel Aggression unterstellen? Jack Russell Terrier. Wer kennt sie nicht, die kleinen vorwitzigen Jagdhunde, mit Hummeln im Hintern, mutig ohne Ende. Neben ihrem lustigen Wesen haben aber selbst Jacks ihre Seite, die keiner so richtig sehen will. Durch ihre sehr resolute Art geht so ein Jack auch sehr bestimmend mit seinem Umfeld um und kann dies auch schon mal mit seinen Zähnen verdeutlichen. Selbst der schon genannte niedliche Cocker Spaniel neigt manchmal dazu, seinen Willen mit den Zähnen durchzusetzen und legt, besonders wenn er älter wird, ein Verhalten an den Tag, der so manchem Besitzer ernsthaft zu denken gibt. Unter Fachleuten fand sich sogar ein Begriff: Die Cockerwut.

Auch Border Collies haben bereits zugebissen und unter den Retrievern gibt es immer wieder Hunde, die abgegeben werden müssen, da ein Zusammenleben mit den Kindern nicht mehr möglich ist. Jeder Hund, egal welcher Rasse er angehört, ist ein Unikat. Eine Persönlichkeit für sich. Niemand kann wissen, wie sich der Hund entwickeln wird, ob er hochintelligent oder eher eine dumpfe Pflaume wird, ob er lauffreudig sein wird, oder ein gemäßigtes Temperament zeigt. Natürlich wissen wir, dass gewisse Rassen für eine bestimmte Aufgabe gezüchtet worden sind. Der Retriever als freundlicher Apportierhund, der Border als immer arbeitender Hütehund, der Schäfer als Sport-, Schutz,- und Begleithund. Doch das ist nur ein Bruchteil von den Merkmalen, die den einzelnen Hund ausmachen. Welches Gefühl sich in Ihrem Hund durchsetzen wird, welches den Hund dominiert und wie er sich von seinem Umfeld beeinflussen lässt, wissen wir alle nicht. Wir schrauben bis zu einem gewissen Punkt an dem Verhalten unseres Hundes, aber wir können unsere Hunde nicht programmieren oder mit einem Ein- und Ausschaltknopf versehen. Dieses Wesen lebt, und alles was lebt, denkt selbstständig, handelt und entscheidet zuweilen selbstständig und verhält sich nach eigenen Stücken der Situation angepasst. Ob uns das nun immer so gefällt, sei dahingestellt.

Wenn der Mensch schuld ist

$\mathfrak{E}$s gibt einen Spruch, der genau dann verwendet wird, wenn irgendein Hund wieder zugebissen hat und darüber diskutiert wird, wie solche Vorfälle, die ja sehr oft Kinder betreffen, zu verhindern sind. *Das Problem sitzt am oberen Ende der Leine.* Das will ich gar nicht mal anzweifeln. In vielen Fällen sind die Hundebesitzer selber schuld, wenn ein Hund sich benimmt, als hätte er die Welt gepachtet. Oftmals sind Hundebesitzer auch selber schuld, wenn sie von ihren eigenen Hunden attackiert und gebissen werden. Und oftmals sind auch die Hundebesitzer selber dran schuld, wenn man ihnen mit Hass begegnet, ihre Hunde verflucht und Leine und Maulkorb zu Pflichtgegenständen werden.

In unserer Welt leben Menschen, die Hunde sehr gerne mögen oder selbst einen oder mehrere besitzen. Sie lieben ihre Vierbeiner, manchmal sogar viel zu sehr, würden alles für ihren Hund tun und mutieren zu Kampfweltmeistern, sollte jemand über das Tier lästern. Dann gibt es aber auch solche, die können Hunde ums Verrecken nicht ausstehen. Entweder sie sind bereits gebissen worden, haben eine lästige Keife im Haus (bei Mitbewohnern, Kindern, Untermietern) oder müssen ein bellendes Ungetüm täglich in der Nachbarschaft aushalten. Vielleicht ist es aber auch nur die Mauer des Gartenzaunes, vielleicht sogar der Garten selbst, der täglich von fremden Hunden verunreinigt wird und deshalb Missfallen erzeugt.

Und dann gibt es solche, die mögen zwar Hunde, sehen sie nicht als Grund für Zankereien, würden ihn auch leben lassen, wenn das Wörtchen wenn nicht wär.

So manche Hundebesitzer benehmen sich ihrem Umfeld gegenüber sehr gebieterisch. Mein Hund darf alles und wenn das jemandem nicht passt, kann er ja woanders hingehen.

Manche sehen schon mal gar nicht ein, ihren Hund anzuleinen, wenn sich ihnen ein anderer nähert, und nehmen auch keine Rücksicht auf ängstliche Personen, die vielleicht den Kontakt zu dem Hund nicht wirklich wollen.

Hund darf überall hinpinkeln, seinen Haufen setzen und mit viel Mühe wird der dann in der Mülltonne entsorgt.

Das sind nur einige Beispiele aus einer beliebig langen Liste, die man endlos fortführen könnte. Ich bin Hundebesitzer, ich kenne das Leid, verstehe auch so manches nicht, aber ich sorge zumindest dafür, dass meine Hunde nicht schlecht auffallen und gebe ihnen deshalb auch die Freiheiten, die ich ihnen gebe. Ich habe ebenso wenig Verständnis für unsere Mitmenschen, die sich grundlos aufregen und sich dabei eines Wortschatzes bedienen, den sie sicher nicht in der Schule gelernt haben. Aber es gibt Situationen, da kann ich den Hass von manchen Nichthundebesitzern durchaus nachempfinden.

Man muss sich als Tierfreund und Hundebesitzer nun mal an den Gedanken gewöhnen, dass man mit seinem Tier die zweite Geige spielt. Sich für seinen Hund einzusetzen ist schön und gut, die Chancen stehen aber eher schlecht, wenn es wirklich darauf ankommt. Also sollte es klar sein, dass man alles verhindern muss, was im Rahmen des Machbaren ist, um das friedliche Miteinander zu unterstützen, denn leben will man als Hundebesitzer, wie auch als Nichthundebesitzer. Mir wurde doch bereits angeraten, mich bitteschön in Luft aufzulösen, was mir etwas schwer gefallen ist. Das ist nicht machbar. Und ich werde mich bestimmt auch nicht anfeinden lassen, weil ich zur falschen Zeit am falschen Ort mit meinem Hund die falsche Luft geatmet habe. Gehe ich mit meinem Hund in öffentliche Gebäude oder auf öffentliche Plätze, verhalte ich mich der Gesellschaft entsprechend. Verjagt man mich grundlos, laufe auch ich zu Hochform auf.

Aber es kann nicht sein, dass der Hund jede Hausmauer verunreinigen darf, da der Hundebesitzer zu faul dazu ist, sich die Zeit für einen ordentlichen Spaziergang im Grünen zu nehmen. Es kommt auch in Stadtrandgebieten und auch auf dem Land nicht gut, wenn der Hund seinen Haufen direkt in einer Wohnstraße, in der Nähe eines Kinderspielplatzes, auf einem viel frequentierten Spazierweg oder auch mitten auf die Straße setzt. Passiert das mal, okay, aber bei vielen ist das Normalität, und dieses Verhalten erzeugt nun mal Hass ... für den der Hund so überhaupt nichts kann. Es tut auch niemanden weh, den Hund in einer Wohngegend (in der Stadt sollte es bitte selbstverständlich sein) anzuleinen, bis man jene verlassen hat. Auch ich lasse meine Hunde gerne laufen und gönne ihnen die Möglichkeit über Wiesen und Felder zu jagen. Aber zwei Dinge müssen tausendprozentig sitzen. Die uneingeschränkte Folgsamkeit, auf Zuruf wiederzukommen, und auch das Verständnis dafür, dass ein Hund innerhalb eines Wohngebietes Angst auslösen kann. Ist man in der Lage, seinen Hund mit einem Kommando an sich zu binden, sodass eine Leine nicht unbedingt notwendig wird, okay. Dann geht er eben frei, aber neben seinem Besitzer und unter dessen Kontrolle. Aber das sollte dann so gut sitzen, dass der Hund auch dann noch bei Ihnen bleibt, wenn eine hübsche Dackeldame gerade schwanzwedelnd vorbei tapselt.

Zudem sind Sie als Hundebesitzer auch angehalten zu erkennen, wenn Ihr Hund etwas macht, was bei anderen so gar nicht gut ankommt. Hirnloses Bellen an der Leine, gekoppelt mit heftiger oder auch stürmischer Zieherei ist nicht unbedingt vertrauenserweckend. Auch das Führen eines großen Hundes am Brustgeschirr gehört zu den Dingen, die andere mit Skepsis betrachten. Tobendes und wütendes Angriffsverhalten hinterm Gartenzaun ist für einen Fremden Respekt einflößend. Bellt zudem der Hund dauernd und wegen jedem Blödsinn, machen sich das Tier und auch sein Besitzer generell unbeliebt. Ist dann auch noch der Gartenzaun eher niedrig und von schwacher Machart, wird das irgendwann zu Problemen führen, die man aber schon im Vorfeld abstellen könnte, wenn man eben sieht, dass das nicht in Ordnung ist. Bellende, tobende, geifernde, keifende und sich nicht bremsen wollende Hunde werden generell als gefährlich eingestuft, ob sie es nun sind oder nicht.

Ein weiterer Faktor in Sachen Hund in der Gesellschaft ist seine Erziehung, die leider viel zu oft sehr zu wünschen übrig lässt.

Wir besitzen auf unserem Hof einen eigenen Hundeplatz, auf dem nicht nur Kurse abgehalten werden, sondern auf dem wir uns auch Hunde ansehen, die mir von ihren Besitzern als potenzielle Problemhunde vorgestellt werden. Auf unserem Areal haben wir die Möglichkeit, den Hund zu beobachten und mit ihm und seinem Besitzer zu arbeiten, ohne gestört zu werden. Diese Menschen sind anderen schon einen wichtigen Schritt voraus. Sie haben erkannt, dass ihr Hund „Probleme" macht, und suchen einen Weg, diese entweder zu lösen und damit umzugehen. Ist ein Hund wirklich bissig, wird man diese Bissigkeit nicht einfach mit einem Knopfdruck abdrehen können, sondern man wird lernen müssen, damit umzugehen.

Mich fasziniert es immer wieder, was sich Besitzer von ihren Hunden alles gefallen lassen. Die Toleranzgrenze scheint dabei sehr hoch geschraubt zu sein. Aus angeblicher Liebe zum Tier ist man nicht fähig, sich durchzusetzen. Ein Phänomen, welches mich immer wieder begleitet. Hier nur ein ganz kleiner Auszug.

Hund zerstört alles, was im Haus nicht niet- und nagelfest ist. Angefangen von Kleidungsstücken, Schuhen, Kabeln, Mauerteilen, Handys, Papiere, Bücher, etc. Bis diese Leute dann begreifen, dass sie vielleicht ein Problem haben, vergehen Wochen, wenn nicht sogar Monate, in denen der Hund nur Unfug treibt.

Hund beansprucht das Bett für sich selbst und schmeißt Herrli und Frauli schlicht und ergreifend raus. Kaum zu glauben, diese Menschen ziehen tatsächlich aus. Sie richten das Bett für den Hund her und wandern auf die Couch. Hallo???

Hund nimmt sämtliche Polstermöbel in Besitz und verteidigt sie auch gegen die Kinder, die gelernt haben, dies zu akzeptieren. Hund thront also auf der Couch, während das Kind am Boden sitzt!?!

Hund verunreinigt durch Markieren die gesamte Wohnung und das provokant und ungeniert. Wenn ich das mal scharf ausdrücken darf: Die ganze Wohnung ist vollgepinkelt, stinkt nach Urin, aber keiner tut was dagegen.

Hund tobt wie ein Irrer durch den Garten, springt an den Gartenzaun, rempelt alles und jeden über den Haufen, zerstört sämtliche Pflanzen, um sich schließlich am Zaun selbst zu vergehen, da außerhalb des Zaunes etwas ist, was seine Erregung erzeugt. Auch Gartentore sind schon ausgehängt worden.

Hund knallt durch die Fensterscheibe, da er, aus welchen Gründen auch immer, unbedingt hinaus möchte.

Hund zerstört die Innenverkleidung des Autos, wenn er mal fünf Minuten darin allein gelassen wird.

Hund tobt im Nebenraum und versucht die Zimmertür zu fressen, wenn Besuch kommt.

Auch aus diesem könnte man eine Endlosliste machen. Mir stellt sich dabei immer wieder die Frage, warum lassen sich Menschen diese Dinge gefallen? Hat das wirklich noch was mit Tierliebe zu tun? Bin ich kein Tierfreund mehr, wenn ich meinem Hund nicht gestatte, mein Zuhause zu zerstören? Bin ich ein Tierquäler, wenn mein Hund nach der Zerstörung des Laptops eine auf den Deckel bekommt? Gehöre ich zu den unfeinen Leuten, weil es mir reicht, und ich meinem Hund deutlich erkläre, dass es auch für ihn Grenzen gibt?

Wenn sich solche Leute dann endlich entschließen, etwas zu unternehmen, hat der Trainer eine große Hürde zu nehmen. Er muss den Besitzern erklären, dass ihr „Baby" in seine Schranken verwiesen werden muss. Es ist nicht verboten dem Hund zu zeigen, dass er gewisse Dinge eben nicht darf. Weiters kann so ein Hund in seiner Selbstsicherheit schon so gewachsen sein, dass er gar nicht mehr einsieht, sich ein- bzw. unterzuordnen und auf den erstbesten Druck, den man auf ihn ausübt, mit Aggression reagiert, mit der seine Besitzer noch viel weniger umgehen können.

Anbei die kleine Geschichte eines Hundes, der mir als „Problem" vorgestellt wurde.

Das Hundi war ein Dackelmischling. Etwa genauso groß, dieselbe Farbe, vielleicht ein wenig gewichtiger. Aber er brachte sicher nicht mehr als acht Kilo auf die Waage, bei einer Körpergröße von 28 Zentimetern. Also ein kleiner Hund, Schlappohren mit einem relativ niedlichen Gesicht. Sein Name war Isi.

Aber Isi war kein freundlicher Hund, sondern eine Ratte, der nicht nur schon den Nachbarn gebissen hatte, sondern auch einen Passanten auf der Straße. Seine Besitzerin bat mich, das irgendwie abzustellen. Isi soll freundlich sein und nicht mehr beißen.

So, jetzt stehe ich als Trainer vor einem fünfjährigen Hund, der bisher mit seiner Art gut durchgekommen ist und dem ich nun erklären soll, dass es so nicht mehr gehen kann. Diese Hürde ist alles andere als leicht, da die Hundebesitzer meist wahre Wunder von mir erwarten, die ich aber leider nicht vollbringen kann. Ich soll innerhalb kürzester Zeit Fehler verbessern, die man fünf lange Jahre bei dem Hund gemacht hat.

Mein Job war in erster Linie, der Besitzerin klar zu machen, dass man das nicht so einfach abstellen kann, und aus einem unfreundlichen Hund über Nacht kein freundlicher wird, zumal Isi auch seine Besitzerin schon gebissen hatte. Die Dame hatte Angst, mit ihrem Hund umzugehen. Eine Zecke am Bauch des Hundes zu entfernen, war für die Frau nicht möglich, da sich der Hund von ihr nicht umdrehen ließ, sondern sich sofort mit seinen Zähnen dagegen zur Wehr gesetzt hat.

Isi zeigte auch mir gegenüber durch seine gesamte Körperhaltung, „Halt, bleib mir vom Leib". Er trug ein Halsband und einen Maulkorb, den ich angeordnet hatte, da auch ich mich nicht gerne beißen lasse und ich kein Trainer bin, der mit Brachialgewalt vorgeht. Isi war böse. Ich wusste, egal was ich mit ihm machen würde, er würde mich beißen und verletzen wollen. Auf gut Deutsch, er war alles andere als lieb. Zudem erzählte mir seine Besitzerin auch voller Wehmut, dass ihr Sohn nicht mehr zu ihr kommen würde, da er Angst vor Isi hätte. Isi wegzusperren war nicht machbar, denn er würde die Zimmertür fressen. Ich musste mir also etwas einfallen lassen.

Das Erste, was Isi begreifen musste, war, sich anfassen zu lassen, ohne sofort auf die Hände loszugehen. Für diesen Hund war auch der Gang zum Tierarzt nicht ohne Risiko verbunden, da Isi auch den Tierarzt nicht wirklich wollte.

Ich nahm also Isis Leine und bewegte mich mit ihm von seinem Frauerl weg. Er beobachtete mich argwöhnisch, war natürlich mit dem, was ich tat, ganz und gar nicht einverstanden. Was erlaubte ich mir überhaupt? Aber noch war Ruhe. Das änderte sich schlagartig, als ich ihm meine Dominanz klarmachte. Ich begann ihn, sobald er mit der Leine vor mir herumtanzte, mit dem Fuß zu blockieren und zur Seite zu schieben. Dabei war ein Körperkontakt unumgänglich und Isi attackierte auch sofort mein Bein. Wie ein Tiger umklammerte er mit den Vorderpfoten meinen Unterschenkel und hätte mich heftig gebissen, wenn ihn der Beißkorb nicht daran gehindert hätte. Es war Zeit ihm zu zeigen, dass dieses Verhalten Konsequenzen nach sich zog. Schnell hatte ich ihn im Genick und packte auch nach einer Hautfalte am Hintern. Ruckzuck legte ich die Kampfhyäne vor mir auf den Boden, schob noch mein Knie drüber und hielt ihn am Boden einfach nur fest. Isi gebärdete sich wie ein Bär. Er schrie, wehrte sich, versuchte mich zu beißen, tobte, randalierte, zeterte und meuterte, während ich ihn nur am Boden fixierte. Isi kämpfte, bis ihm die

Luft ausging und er zum ersten Mal etwas ruhiger wurde und durchatmete. Das war der Moment, wo ich meinen Griff lockerte, bereit, sofort wieder zuzugreifen. Das spürte Isi und glaubte noch eins draufsetzen zu müssen. Er ging zu Runde zwei über und ich hielt ihn abermals nur fest. Runde zwei fiel deutlich kürzer aus, da dem Dackeltier die Kraft ausging. Als er wieder ruhig war, lobte ich ihn und lockerte wieder meinen Griff. Er versuchte zwar nochmal ansatzweise seinen Kampf wieder aufzunehmen, bremste sich aber sofort ein, als er merkte, dass sich meine Hände wieder schlossen. Er kapierte in dieser Zeit, dass er aus dieser Situation nur rauskommen würde, wenn er sich ruhig verhielt. Als ich merkte, wie sich sein Körper entspannte und seine Atmung immer ruhiger wurde, ließ ich ihn vorsichtig los, begann ihn sanft zu streicheln, sprach mit ihm. Das Einzige, was er mir schenkte, war ein giftiger Blick, aber er wagte nicht mehr, mich anzugreifen. Ich ging sogar so weit, dass ich ihn auf die Beine stellte, ihn wieder an der Leine herumführte und seinen Körper abermals mit meinem Fuß blockierte und zur Seite schob. Er nahm das zwar mit einem grimmigen Augenaufschlag zur Kenntnis, aber er griff mich nicht mehr an. Griesgrämig duldete er, dass ich ihn ab und an streichelte, nicht viel, gerademal so viel, dass er es als angenehm empfinden konnte. Für wirkliche Streicheleinheiten war er nicht zu haben. Ich versuchte sogar, ihn wieder zur Seite zu legen, griff sofort zu, als er wieder knurrte. Isi wusste was kommen würde, sollte er mich wieder angreifen, weswegen er sein Knurren hinunterschluckte. Im Laufe einer halben Stunden konnte ich Isi umlegen und wieder auf die Beine heben, ihn auf die Hinterbeine stellen, um den Bauch zu berühren (ich legte ihn bewusst nie auf den Rücken), ihn mit dem Fuß herumschubsen und dazu bewegen, mir auszuweichen, was zur Folge hatte, dass er versuchte, sich neben mir aufzuhalten und nicht mehr an der Leine zu ziehen, da er dem Schubsen aus dem Weg gehen wollte. Seine Besitzerin sah mir nur zu, schüttelte ein paar Mal den Kopf und erklärte mir hinterher, sie habe fast geheult, als Isi unter meinen Händen wie ein Berserker getobt hätte. Die schon ältere Dame war vollkommen von den Socken, dass ich mit ihrem Hund das alles machen konnte, woran sie nicht mal im Entferntesten gedacht hätte, aus Angst, gebissen zu werden.

Um genau zu sein, Isi ist auch heute noch ein bissiger Hund, der es nicht mag, angefasst zu werden. Aber er hat gelernt, dass es Menschen gibt, die über ihm stehen. Er mag mich auch heute noch nicht besonders, aber ich darf ihn kommentarlos berühren, durfte ihm die Kommandos „sitz" und „platz" beibringen, die er grundsätzlich nie tun wollte, und er hat nie wieder versucht, mich anzugreifen. Ich musste nun seiner Besitzerin klarmachen, dass dieser Hund Grenzen nötig hatte. Isi würde aber nie ein niedlicher, freundlicher Hund werden. Die Dame musste lernen ihre Mitmenschen zu warnen. Halt, nicht anfassen, mein Hund beißt. Sie musste lernen, Isi niemals vor der Billafiliale anzubinden, da er zwar süß aussah, es aber nicht war. Er hätte jedes Kind gebissen, das versucht hätte, ihn zu streicheln. Zudem musste sie auch lernen, den Hund mit dem Fuß zu blockieren, wenn er befand, fremde Menschen anzubellen oder auch ansatzweise anzugreifen, wenn sie sich, für seinen Geschmack, zu weit genähert hatten. Isis Frauerl lernte, ihrem Hund zu zeigen, dass sie sein Verhalten nicht tolerierte, woraufhin Isi erkannte, dass sie das Sagen übernommen hatte. Im Haus schläft er nun in einer Hundebox, die verschlossen wird, sobald Besuch kommt. Isi mag keine Fremden, also muss man ihn nicht mit solchen Leuten konfrontieren. Nachdem die Box zu seinem „Bett" geworden ist, hat er kein Problem mehr damit, darin eingesperrt zu werden. Somit konnte auch der Sohn wieder zu seiner Mutter fahren, ohne Angst vor ihrem Hund zu haben. Die Dame erzählte mir, dass es ihr teilweise sehr schwer gefallen war, ihrem Baby diese Grenzen zu setzen. Er hätte ihr manchmal entsetzlich leidgetan, in der Box warten zu müssen. Und sie fand es am Anfang auch nicht lustig, ihn nur mit Beißkorb spazieren führen zu können. Aber sie hatte auch verstanden, dass die Probleme, sollte ihr Hund jemanden beißen und es zur Anzeige kommen, weit größer werden konnten.

Heute geht die Dame mit ihrem Hund ohne Beißkorb spazieren, aber sie hat gelernt auf ihren Hund aufzupassen, ihn nie von der Leine zu lassen und die Leute entsprechend auf die Bissigkeit hinzuweisen. Heute weiß sie mit der Bissigkeit ihres Hundes umzugehen. Ja, im Grunde saß auch hier das Problem am oberen Ende der Leine. Die alte Dame hat ihren Hund geliebt (liebt ihn auch heute noch), ihn dadurch verwöhnt und ihn sich entwickeln lassen, wie er wollte. Aber ihre Absichten waren gut. Sie wollte ihrem Hund nie etwas Böses. Um sich aber nicht mit Familie und Umfeld zu verfeinden, musste sie etwas tun. Sie hat ihr Problem erkannt, Hilfe gesucht und sie auch in einer Form erhalten, ohne ihrem Hund Gewalt antun zu müssen.

Um solchen Dingen aus dem Weg zu gehen, wäre es wichtig, schon dem jungen Hund Grenzen zu stecken, wo immer sie nötig sind. Sie bestimmen als Hundebesitzer, was Ihr Hund darf und was er nicht darf. „Mein Hund darf alles" wird in unserer Welt nicht funktionieren. Möglich, dass Ihr Hund viel darf, aber alles ist nicht möglich. Ist klargestellt, dass Sie der Chef sind und das letzte Wort haben, kann Ihr Hund ruhig „viel dürfen". Wenn er durch ein Wort oder einen Blick erkennt, dass er den Bogen überspannt hat und sich sofort wieder zusammennimmt, ist ja auch alles in Ordnung. Viel schlimmer ist es, wenn Sie ihren Hund maßregeln, er dieses zwar zur Kenntnis nimmt, aber Gegenmaßnahmen setzt, sich mit seinen Zähnen durchzusetzen versucht und damit auch noch Erfolg hat. Und das kommt leider häufiger vor, als man glauben möchte.

Wann ist der Mensch nicht schuld

Auch wenn oft das Problem am oberen Ende der Leine liegt, gibt es Hunde, die sich in einer Form entwickeln, wo man selbst als Könner an seine Grenzen stoßen kann. Hunde, deren Persönlichkeit so stark ist und die Intelligenz so weit ausgeprägt, dass sie durchaus erkennen, wer das Sagen im Haus hat, aber trotzdem zur unkontrollierbaren Kampfmaschine mutieren, sobald sie sich alleingelassen fühlen. Oftmals sind das Hunde, die Haus und Heimat, also ihr eigenes Revier und Familienangehörige, das Rudel, derart stark verteidigen und beschützen wollen, dass dies zu einem gewaltigen Problem führen kann. Hunde, die ihren Besitzern treu ergeben sind, aber es mit dem Schutz zu genau nehmen. Man hat das Gefühl, eine wandelnde Zeitbombe mit sich zu führen, was absolut kein Genuss mehr ist.

Hier eine Geschichte aus meinen eigenen Reihen.

Iko war als Welpe ein kleiner, zu spät geborener Wurm, den wir unter dem Einsatz von Rotlichtlampe und ständigem Anlegen an Mamas Gesäuge davor bewahrten zu sterben. Er kämpfte wie ein Wolf, hatte bald kein Problem mehr damit, um 24 Stunden später geboren worden zu sein und entwickelte sich prächtig. Er wuchs ganz normal im Rudel auf, wurde von den Alttieren geformt, und nachdem wir uns entschlossen hatten, ihn zu behalten, auch auf sein Leben vorbereitet. Iko lernte, was man tun darf und was man lassen muss. Er zeigte nie ein Problem, nahm alles an, war verträglich und verspielt, wie eben junge Hunde so sind. Er lernte, sofort zu kommen, wenn man ihn rief. Dabei half ihm das Rudel, welches bei jedem meiner Pfiffe umgehend reagierte. Iko verstand es, eins und eins zusammenzuzählen. Um ihn auf seinen eigenen Namen zu konditionieren, rief ich ihn immer und immer wieder aus dem Spiel ab, um ihn dann weitermachen zu lassen. Reagierte er nicht, war das Spiel für ihn beendet. Auch das hatte Iko relativ schnell verinnerlicht. Dadurch konnte man ihn aus absolut jeder Situation abrufen, denn er hatte gelernt, auf meinen Pfiff hin alles stehen und liegen zu lassen. Er entwickelte sich als ganz normaler Hund, der Freude am Laufen hatte, der gern Balli spielte, der verfressen war und durch sein doofes Getue gern für Lachsalven sorgte. Iko liebte seine Familie abgöttisch. Die Kinder durften alles mit ihm machen. Nie war er genervt oder ungehalten. Ein Hund mit einer Engelsgeduld.

Im Zuge des Erwachsenwerdens begann er, wie alle anderen Hunde auch, zu melden, wenn sich jemand näherte. Durch seine stattliche Größe und sein schäferhundartiges Erscheinungsbild wirkte er Respekt einflößend, weswegen wir ihn großteils von Besuchern fernhielten. Viele Leute zeigten vor ihm Angst.

Es kam der Tag, ich war im Wald unterwegs, als ich einen alten Bekannten (er führte ebenfalls einen Hund an der Leine) traf, der mit viel Hallo auf mich zukam und mich vor lauter Wiedersehensfreude umarmen wollte. Iko hatte ich zwar angeleint, da ich den anderen Hund nicht kannte, doch das war weniger sein Problem. Er sah die ausgestreckten Arme meines Bekannten und stellte ihn deutlich aggressiv, bevor er mir zu nahe treten konnte. Lediglich die Leine verhinderte sein weiteres Vorhaben. Mein Bekannter nahm, sichtlich erschrocken, die Arme wieder runter, gab mir lediglich die Hand und ich beförderte meinen Hund in die Platz-Position. Ich nahm an, dass er die Situation verkannt hatte. Wie sollte er auch wissen, dass mir mein Bekannter nichts tun, sondern mich lediglich begrüßen wollte. Natürlich fühlt man sich im ersten Moment stolz, wenn man, „Na, da bist du ja bestens beschützt" hört. Der weitere Spaziergang war kein Problem mehr. Die Hunde vertrugen sich, liefen frei und ich konnte mich über dieses und jenes mit meinem Bekannten unterhalten. Ein Ausrutscher, ein falsches Auslegen der Situation? Mein Hund hatte für mich eine Bedrohung gesehen und entsprechend reagiert. Konnte ich ihm das übel nehmen?

Es verging einige Zeit! Es kam der Tag, an dem mein Sohn mit seinem Freund bei uns am Hof Fangen spielte. Sie düsten durch das gesamte Stallgebäude, bespritzen sich mit Wasser, hatten sichtlich Spaß, bis zu dem Zeitpunkt, als der Junge mit ausgestreckten Armen auf mich zulief, seine Baseballkappe verlor und wie verrückt schrie, weil er nass geworden war. Iko hielt sich bei mir auf und reagierte sofort auf eine für ihn eindeutige Situation. Ich wirbelte herum, als ich sein Knurren hörte, sah die aufgestellten Haare, bemerkte an der Körperhaltung die Ernsthaftigkeit der Sache und brüllte meinem Hund einige Kommandos hinterher, die ihn daran hinderten, anzugreifen und einen Biss zu setzen. Ich war mir ziemlich sicher, dass er es getan hätte. Iko ging in die Knie und kam sofort zu mir zurück, was ich ihm zwar hoch anrechnete, meinen tobenden Herzschlag aber nicht minimierte. Ich hatte mich immens erschrocken, mein Blutdruck war bestimmt nicht mehr messbar und dem Freund meines Sohnes war das Herz in die Hose gerutscht. Iko ließ den jungen Mann nicht mehr aus den Augen, was mich dazu veranlasste, das Tier wegzusperren. Er benahm sich nicht sonderlich erregt, fand sein Verhalten völlig normal, bellte nicht, knurrte nicht, und ließ sich auch widerstandslos wegbringen. Für Iko schien die Welt normal. Ich begann natürlich nachzudenken. Der Hund verteidigte mich, das war mir klar. Ich konnte ihm deswegen ja noch nicht mal böse sein, denn er tat das in gut gemeinter Absicht, denn auch diesmal war er der Meinung gewesen, dass man mir etwas tun wollte. Aber wie sollte ich damit umgehen? Ich konnte meinem Hund nicht erklären, he, der tut mir nichts, den kannst du in Ruhe lassen. Wegsperren? Mir blieb wohl kaum etwas anderes übrig.

Iko verhielt sich wie jeder andere Hund auch. Er war uns gegenüber loyal ergeben. Nie gab es Probleme innerhalb der Familie. Wir liebten alle die doofe Art dieses Hundes, die er manchmal an den Tag legte. Ich war für ihn seine Königin. Er lechzte danach mit mir zu arbeiten, tat alles, um ja keine Fehler zu machen. Oft reichte ein Blick und er wusste, was zu tun war. Er war absolut führig und gehorsam, aber mir durfte sich niemand bedrohlich nähern oder mich berühren. Ihn anzufassen war nicht unbedingt gesund, was man in Anbetracht seiner Größe und Wuchtigkeit sowieso tunlichst unterließ. Ich behielt diesen Hund immer im Auge, egal wo ich war, und versah ihn immer mit einem Beißkorb, wenn wir uns Gebieten näherten, wo es viele Menschen gab. Sicherheitshalber, obwohl er draußen, auf neutralem Boden, nie jemandem wirklich Beachtung schenkte. Er mochte es nur nicht, wenn man mir zu nahe trat.

Zu Hause hatte Iko einen eingezäunten Bereich, den er für sich selbst nutzen konnte. Nachts war er mit allen anderen Hunden im Haus.

Iko entwickelte ein sehr starkes Schutzverhalten im Haus. Sein Territorium war ihm heilig. Fremde wurden verbellt und mir war klar, er hätte jeden angegriffen, der sich unbefugt auf meinem Grundstück befunden hätte. Nun, eigentlich hat dort auch niemand etwas verloren. Trotzdem arbeitete ich immer und immer wieder daran, meinen Hund aus jeder Lebenslage abrufen zu können. Iko war sehr folgsam und gelehrig.

Und es kam der Tag, an dem doch jemand meinen Hof betrat, unbefugt, ohne meine Erlaubnis und Iko bekam das mit. Der Hund startete durch. Ich hörte nur ein Knurren, einen Aufschrei und brüllte den Namen meines Hundes, der sofort alles stehen und liegen ließ und wieder zu mir kam. Ich sperrte ihn weg und sah mir das Malheur an. Eine Freundin wollte mich besuchen, dachte aber nicht an meine Warnung mit der Bitte, sich vorher zu melden, sondern spazierte einfach in den Garten. Iko kannte sie nur flüchtig, sah in ihr eine potenzielle Gefährdung und griff an. Vermutlich war sein Angriff nur eine deutliche Warnung gewesen, dem Hof fern zu bleiben, denn er hinterließ, Gott sein Dank, nur Blutergüsse. Aber auch die waren schmerzhaft. Es folgte eine Anzeige wegen fahrlässiger Körperverletzung, da meine Freundin zum Arzt ging. Es kam zwar nichts weiter dabei raus, zurück blieb nur ein fahler Nachgeschmack, trotzdem war die Situation alles andere als prickelnd. So schön es war, einen Hund zu haben, auf den man sich felsenfest verlassen konnte (ein Einbrecher würde es bei uns schwer haben), so gefährlich war es, denn Iko unterschied nicht zwischen Freund und Feind. Wie auch, dazu reichte seine Intelligenz gar nicht.

Der härteste Vorfall in seiner Laufbahn kam kurz darauf. Wir waren auf einer Wiese, angrenzend zu unseren Koppeln. Ich weiß nicht mehr genau, was wir vorhatten. Jedenfalls sah uns der Hund einer Nachbarin und kam bellend auf uns (mich) zu, in der Hoffnung, dass irgendjemand sein Lieblingsspiel, Balliwerfen, mit ihm spielen würden. Leider sah das auch Iko. Sein Bereich besaß zwar einen hohen Zaun, aber kein Dach. Wie er dort raus kam (er hatte es ja nie gemacht) weiß ich nicht, jedenfalls sah ich den Hund nur noch über die Wiese auf den anderen Hund zuschießen. Für eine Reaktion meinerseits reicht die Zeit nicht. Es war ein dumpfes Geräusch, als die beiden Körper aufeinanderprallten. Es dauerte nur Zehntelsekunden und die beiden Tiere hatten sich ineinander verbissen. Natürlich hatten wir Erfahrung im Trennen von raufenden Hunden, deswegen ist es aber nicht weniger gefährlich. Beiden Hunden wurde mit dem Kettenhalsband die Luft abgedreht, sodass wir eine Chance hatten, die gewaltige Kraft der beiden Tiere irgendwie in den Griff zu bekommen, denn keiner von beiden würde jetzt noch irgendetwas hören. Die Adrenalinausschüttung ist in diesem Zustand so hoch, dass Hunde noch nicht mal bemerken, wenn sie sich gegenseitig die Knochen brechen. Wir bekamen gottlob beide auseinander. Der eine blutete am Bein, der andere am Ohr. Mich erstaunt in solchen Dingen immer wieder die Reißfestigkeit der Hundehaut. Die Verletzungen hielten sich in Grenzen, bei uns Menschen hätte es anders ausgesehen.

Ich brachte Iko zurück und war gezwungen, mir etwas einfallen zu lassen. Es gab für mich zwei Möglichkeiten. Entweder ich sperrte das Tier für den Rest seines Lebens in einen Käfig oder … Aus Liebe zu meinem Hund ließ ich ihn gehen. Am nächsten Tag nahm ich für immer Abschied von meinem Hund.

Nie habe ich Iko einen Vorwurf gemacht. Sein Ansinnen war, mich zu beschützen, allerdings übertrieb er damit maßlos, schoss weit übers Ziel hinaus. Ich wollte und konnte nicht in der ständigen Angst leben, mein Hund könnte jemanden angreifen und schwer verletzen, weil er eine mögliche Bedrohung für mich sah. Und ich wollte ihn auch nicht für den Rest seines Lebens einsperren, was seiner Hundeseele bestimmt nicht gut getan hätte. Der gewählte Weg war für mich und den Hund der beste.

Damit will ich verdeutlichen, dass es Hunde gibt, die ihre Familie, ihr Rudel, ihr Territorium so sehr lieben, dass sie selbst damit zur Gefahr werden können. Ein Hund mit einer Größe von 65 cm und einem Gewicht von über 40 kg, hat eine enorme Beißkraft. Solange ich bei Iko war, den Hund in meinem Wirkungsbereich hatte, konnte ich ihn kontrollieren, ihm jeden Schritt sagen. Aber ich konnte nicht 24 Stunden neben meinem Hund stehen. Hin und wieder bin ich nicht auf meinen Hof und ich wollte verhindern, dass dieser Hund irgendwann wieder Gefahr für sein Rudel sah, und meine Tochter einer Situation gegenüberstehen würde, die sie nicht handhaben konnte.

In meiner Laufbahn als Züchter, Trainer und Halter habe ich immer wieder von solchen Hunden gehört, die ihre Familie um jeden Preis beschützen wollten und dabei öfter daneben schlugen. Ich bin definitiv nicht die Einzige, die gezwungen war, so eine Entscheidung zu treffen.

Hund zu stark und Mensch zu schwach

Hunde mit einer sehr starken Persönlichkeit haben meist ein nicht minder starkes Selbstbewusstsein, sind furchtlos und kaum zu beeindrucken. Schimpft man mit ihnen, hat man das Gefühl, es würde an ihnen abprallen, greift man ihnen zuweilen in den Pelz, negiert das so ein Hund mit einem heroischen Blick und einem Schütteln. Deren Besitzer bemerken nicht selten, dass sie an den Hund gar nicht herankommen. Fragt man solche Leute, wer denn nun der Chef sei, deuten diese nicht selten auf ihren Hund. „Egal, was ich mache. Es ist ihm egal." Diese Hunde sind regelrecht präsent, haben eine enorme Ausstrahlung, verkörpern leider aber nicht immer inneren Frieden, sondern zeigen auch ihrem Umfeld, wie toll das machohafte Getue doch ist. Solchen Hunden Grenzen zu setzen ist entsprechend schwer, da so ein Hund einen regelrecht herausfordert und erprobt, ob sein Mensch diese Grenzen auch durchsetzen kann. Scheitert der Mensch auch nur einmal, kann man solche Hunde fast ins Fäustchen lachen hören. Da kann der Mensch meutern, schreien und tun was er will, der Hund scheint darüber nur zu grinsen, dreht sich um und stolziert in erhabener Weise davon. Hunde mit so einer Persönlichkeit können oft nur von guten und erfahrenen Hundeführern geführt werden, die in der Lage sind, dem Hund sofort zu verdeutlichen, wer denn hier nun der Chef ist. Hunde dieses Schlages neigen zur Bissigkeit, ganz einfach, weil sie sich in Szene setzen wollen und sich den Respekt, den sie wollen, auch auf diese Weise holen. Keilereien mit anderen Hunden sind an der Tagesordnung, der Beißkorb wird zum Pflichtgegenstand und die Besitzer mühen sich nicht selten ab, den Hund in gewissen Situationen, zum Beispiel bei Auftauchen eines anderen Hundes, zu kontrollieren. Hundebegegnungen gehen selten gut aus. Zwar haben solche Hunde auch Kollegen, die sie als Freunde betrachten und mit denen sie auch gut können, trotzdem gelten solche Tiere eher als unverträglich, wenn nicht sogar als Raufer. Mir wurde vor einiger Zeit so ein Hund vorgestellt. Die Besitzerin war verzweifelt. Ihr Hund, ein großer Mischling, kohlrabenschwarz, wäre, einmal von der Leine gelassen, eine potenzielle Gefährdung für alles, was lebt. Sie würde zwar mit ihrem Hund in eine Hundeschule gehen, doch jede Trainingsstunde würde für sie eine nervliche Zerreißprobe bedeuten. Der Hund war sich seiner enormen Kraft bewusst und ihm war durchaus klar, dass seine Besitzerin die nicht hatte. Je nach Anschauung beugte er sich ihren Befehlen, weil es eben gerade passte, gefiel es ihm nicht, hatte sie Schwierigkeiten ihn überhaupt zu halten, da sämtliche Kommandos an ihm vorbei gingen, als würde sie chinesisch reden. Ein Eingreifen des Trainers (er wollte nur in die Leine fassen, da die Frau quer über den Platz gezogen wurde) endete fast in einer Beißattacke. Tunlichst hielt der Trainer in Folge die Finger von der Leine, während die Frau sich mit ihrem Hund abmühte, um ihn irgendwie zu kontrollieren. Zudem neigte der Hund dazu, wahllos auf Leute loszugehen. Gefiel ihm jemand nicht, setzte er zum Angriff an und nur der Beißkorb hatte bisher schwere Schäden verhindert. Also ein nicht ganz einfaches Tier.

Ich ließ mir den Hund auf unserem Hundeplatz vorführen. Oh, er kannte seine Kommandos. „Sitz", „platz", „fuß", „hier", er kannte das alles, nur er führte es nur dann auch, wenn er befand, dass er jetzt gerade nichts Bessere zu tun hatte. Seine Besitzerin hatte absolut keine Chance, sich ihm gegenüber durchzusetzen. Dieser Hund wusste, was er zu tun hatte, um sie zur Verzweiflung zu bringen. Um den Rüden besser kennenzulernen, näherte ich mich ihm mehrmals und touchierte ihn beim Vorbeigehen mit dem Knie, rannte auf seine Besitzerin zu, begrüßte sie stürmisch, als ob ich eine alte Bekannte getroffen hätte, und achtete während der gesamten Zeit auf die Reaktion des Hundes. Nichts. Ihm war langweilig. Das, was ich tat, ging ihm, gelinde gesagt, sonstwo vorbei.

Die Sache änderte sich jedoch, als ich die Leine in die Hand nahm. Ich forderte den Hund nur auf mit mir zu gehen, seine Besitzerin ging in etwa zwei Meter neben mir. Vermutlich spürte der Hund, dass er bei mir an ein anderes Kaliber Führer geraten war, denn er verdeutlichte mir sehr schnell, dass er für solche

Spielchen absolut nicht zu haben war. Knurrend und zähnefletschend erklärte er, sofort zuzubeißen, sollte ich mich im Tonfall oder in meinen Handlungen auch nur ein halbes Mal vergreifen. Ich unterließ es, Druck auf diesen Hund auszuüben. Seine Botschaft war unmissverständlich und ich hatte keine Lust, mit der Körperkraft eines 55 kg schweren, großen, muskelbepackten Hundes, trotz Beißkorb, Bekanntschaft zu machen. Diesen Hund konnte ich weder drehen noch formen noch unterordnen, da er keinerlei Bereitschaft dazu zeigte.

Die Besitzerin hatte ein wirkliches Problem, da ihr Hund einfach unberechenbar war. Heute ja, morgen nein, übermorgen vielleicht auch noch nein und dann wieder ja. Was, wenn sie ihn irgendwann nicht mehr halten konnte, er sich seines Beißkorbes entledigte und jemanden anfiel. Was, wenn er auf ein Kind losging? Was, wenn er vom Hof ihrer Eltern abhaute, sich nicht mehr rufen ließ und jemanden verletzte? Der Druck, der auf dieser Frau lastete, war groß. Zudem wollte sie den Hund nicht einfach in ein Tierheim stecken. Er wäre dazu verdammt gewesen, dort sein Leben zu verbringen, denn für einen schon älteren Hund, der glaubte, alle Rechte dieser Welt auf seiner Seite zu haben, stehen die Chancen auch im Tierheim eher schlecht. Wer holt sich schon einen Hund aus dem Tierheim, der als bissig gilt? Wohl eher niemand.

Wir besprachen dieses Problem lang und ausführlich. Die Frau war sich bewusst, dass sie eine tickende Zeitbombe an der Leine führte.

Tage später rief sie mich an und erzählte mir, sie habe den Hund gehen lassen. Es wäre ihr zwar sehr schwer gefallen, aber dieser entsetzliche Druck wäre weg. Sie könne jetzt wieder Freunde einladen, brauche sich nicht mehr zu überwinden mit ihrem Hund spazieren zu gehen und würde nicht mehr diese Horrorszenarien durchgehen, was passieren könnte, wenn ...

Heute hat sie einen anderen Hund. Eine sehr niedliche, weiche Schäferhündin, die absolut keine Probleme macht, sich ihr bedingungslos unterordnet und an der sie ihre helle Freude hat.

Ganz ehrlich, ich konnte die Entscheidung der Frau verstehen.

Wann ist mein Hund nun wirklich als bissig einzustufen

Eigentlich gibt es keine Paraderegel, wann nun ein Hund als bissig einzustufen ist. Das ergibt sich irgendwann. Wenn Ihr Hund schon zum x-ten Mal auf einen anderen Hund losgegangen ist und diesen verletzt hat, dann wird er vermutlich nicht unbedingt der Verträglichste sein. Hat Ihr Hund vielleicht schon mal jemanden gezwickt, vielleicht einen kleinen Abdruck oder einen Bluterguss hinterlassen, dann wird er es vielleicht wieder versuchen, da eine gewisse Hemmschwelle überschritten worden ist. Hatte der Hund auch mit einer noch so kleinen Attacke Erfolg, indem jemand zum Beispiel vor lauter Schreck zurückweicht, steht der Hund im Genuss gewonnen zu haben. Er kostet dieses Gefühl natürlich voll und ganz aus und die Tendenz, es noch einmal zu versuchen, ist natürlich da.

Kinder sind ein gern gesehenes Opfer von Hunden, die zum Beißen neigen. Warum? Die meisten Kinder stehen rangmäßig unter einem erwachsenen Hund. Das hat jetzt nicht wirklich was mit der Körpergröße, sondern eher was mit der Entwicklung des Hundes zu tun. Erwachsene Hunde wissen, dass Kinder unsere „Jungtiere" sind und genauso, wie in einem Rudel, wird sich ein älterer, erwachsener Hund einem Jungtier nicht unterordnen.

Gut ja, es mag Hunde geben, die das durchaus machen, es gibt Hunde, die lassen sich in ihrer Familie von den Kindern alles gefallen, das sind aber auch Hunde, die nicht als bissig gelten.

Zwingen wir jetzt solche Kinder dazu, sich durchzusetzen, begehen wir als Erwachsene einen Kardinalsfehler. Erwachsene Hunde, die in der Rangordnung über dem Kind stehen, werden sich von dem Kind nicht herumkommandieren lassen und ihren Unmut in einem vielleicht auch nur kleinen Biss Luft machen. Der erwachsene Hundeführer, also jener, der eigentlich über dem Hund steht, sollte dem Hund die Botschaft übermitteln: *Stopp, das ist mein Junges, tust du ihm etwas, bekommst du es mit mir zu tun!* Zudem muss das Kind lernen, die Toleranzgrenze des Hundes zu akzeptieren. Verteidigt der Hund sein Fressen gegenüber dem eigenen Kind, dann muss das Kind nicht unbedingt neben der Schüssel stehen, wenn der Hund frisst. Zudem sollte der Hund lernen, sein Futter sofort zu fressen. Tut er das nicht, ist der Napf weg und bis zur nächsten Fütterung gibt es nichts mehr. So hat er keinen Grund, etwas zu verteidigen, weil der Grund eben nicht mehr am Boden steht.

Auch beim Spazierengehen werden weit mehr Kinder von Hunden angefallen, als Erwachsene. Aus demselben Grund. Kinder sind „Jungtiere", Kinder sind schwach und wehrlos, und der Hund steigt bei einem Übergriff todsicher als Sieger aus. Der Hund weiß das, er ist nicht dumm.

Oft hört man auch immer wieder die Aussage, „Das hat er noch nie gemacht. Oh Gott, mein Hund hat ein Kind gebissen. Warum hat er das nur getan, noch nie hat er es versucht!" So, oder so ähnlich könnte es lauten. Oft sind diese Verletzungen nur klein, ja sie bluten, tun weh, aber sie sind nicht gefährlich. Das war dann kein „Biss", sondern ein „Schnapper", vielleicht eine Warnung.

Erwachsene Hunde maßregeln schlechtes Verhalten von Welpen und Junghunden, indem sie zuweilen den Junghund schnappen und kurz an seinem Pelz ziehen. Der junge Hund wird vor Schreck kreischen, sich zu Boden werfen oder weglaufen, hat aber keinen weiteren Schaden davongetragen. Er hat die Körpersignale nicht respektiert, dafür eine auf den Deckel bekommen und hoffentlich daraus gelernt. Achtet er wieder nicht darauf, ist das bestimmt auch ein weiteres Mal mit Konsequenzen verbunden. Hundehaut ist dehnbar und äußerst reißfest. Gemacht für ein Leben im Wald. Auch Wölfe geraten natürlich aneinander, aber sie können es sich nicht leisten, längere Zeit verletzungsbedingt auszufallen, weswegen die Natur Wölfe, wie auch Hunde, mit einer sehr starken Haut ausgestattet hat, die, genau wie Leder, einiges aushält.

Wir Menschen besitzen nicht so eine Haut. Unsere Hülle ist weder reißfest noch besonders stark, sondern im Gegensatz zum Hund, ziemlich dünn. Schrammt der Hund auch nur ansatzweise mit seinem Reißzahn darüber, fließt Blut. So manches Verletzungsmuster ist nur auf eine Warnung des Hundes zurückzuführen, denn wenn ein Hund wirklich zubeißen will, belässt er es nicht bei einer Warnung, sondern macht ganze Sachen.

Sie werden als Hundebesitzer einen Grund haben, warum Sie ihren Hund möglicherweise als ungut oder bissig einstufen. Sie werden einschlägige Erfahrungen gemacht haben, die Sie auf diesen Gedanken gebracht haben, denn es steht dem Hund nicht ins Gesicht geschrieben, ob er jemals zubeißen wird. Ob ihr Welpe einmal ein freundlicher, lieber oder ein bissiger Hund wird, kann im Vorfeld niemand sagen. Ein guter Züchter wird Sie sicherlich dahingehend unterstützen und Ihnen hoffentlich nicht den dominantesten Welpen aus dem Wurf geben, wenn Sie grundsätzlich einen weichen Hund haben wollen. Gewisse Hunderassen besitzen oft mehr Härte und Persönlichkeit als andere. Mit der sollten Sie auch umgehen können. Sind Sie nicht in der Lage, Ihrem Hund Grenzen zu setzen, oder ist schon im Vorfeld klar, dass Sie einen Hund mehr als Kinderersatz benötigen, gar nicht vorhaben, ihn groß zu erziehen, weil Sie es für unnötig betrachten (solche Leute gibt es), sollten Sie sich vielleicht doch eher nach einer Katze umsehen.

Es gibt Menschen, die suchen sich ganz bewusst einen scharfen Hund. Er muss groß sein, böse aussehen, zu viel Freundlichkeit ist unerwünscht. In gewissen Vierteln der großen Städte gibt es solche Hunde immer wieder zu sehen. Große, bullige Hunde mit grimmigem Aussehen. Die Hundebesitzer sehen oft nicht anders aus. Genauso groß und bullig, wobei der Hund eigentlich gar nicht böse genug sein kann. Wozu? Sollte einer dieser Hunde tatsächlich zubeißen, wird weder der Hund noch sein Besitzer geschont werden. Zudem hilft es nicht, das Image gewisser Hunderassen zu verbessern. Man kann durchaus einen großen, starken Hund besitzen, der ein imposantes Erscheinungsbild hat. Kann man diesen Hund adäquat führen, kann man ihn kontrollieren, hat dieses Mensch-Hundepaar sicher wesentlich mehr Respekt verdient, als ein bedrohlich wirkender Hüne, der einen groben, fleischigen Muskelberg führt, bei dem man bereits so sehr versagt hat, dass er nur noch in der Nacht auf die Straße kann.

Hundeschulen, Hundetrainer und was drumherum so passiert

Besitzer von bissigen oder zur Bissigkeit neigenden Hunden suchen verständlicherweise nicht selten Hilfe in Hundeschulen oder bei Trainern, in der Hoffnung, den Hund umpolen zu können. Man würde eben sehr gerne einen lieben Hund haben, der eigene gehört aber nicht dazu. Unsummen werden ausgegeben, um aus seinem Liebling vielleicht doch noch einen Kuschelbären zu machen.

Es gibt tiptop geführte Hundeschulen und wirklich sehr gute Trainer, die mit Herz und Hirn an die Sache herangehen und genau wissen, was auf sie zukommt, was passieren könnte und was sie zu tun haben. Oft braucht ein guter Trainer nur einen kurzen Blick oder wenige Minuten, um zu sehen, wo das Problem liegt, ob es in den Griff zu bekommen ist, oder ob Hund und Besitzer eigentlich nicht wirklich zusammenpassen. Er weiß recht schnell, ob das Training fruchten wird, oder ob die Hundeführer viel zu weich und inkonsequent dem Hund gegenüber sind. Er hält auch mit den Chancen nicht wirklich hinterm Berg, sagt, was Sache ist. Nicht immer wollen diese Hundebesitzer die Wahrheit hören, stempeln diesen Trainer vielleicht als inkompetent ab, suchen den Nächsten, der ihnen dann das Blaue vom

Himmel verspricht und den Leuten das Geld bündelweise aus der Tasche zieht. Bis solche Leute dahinter steigen, dass vielleicht Trainer A doch nicht so unrecht hatte, hat Trainer B schon eine Menge Kohle verdient, mit dem Ergebnis, dass der Hund vermutlich immer noch zur Bissigkeit neigt, vielleicht aber jetzt das „platz" Kommando etwas besser beherrscht.

Zu mir kamen sogar schon Hundebesitzer, die von Trainern verjagt worden sind, weil sie dessen Methoden nicht billigten. Ich habe nichts gegen eine angebrachte Maßregelung, aber bei Brachialgewalt stellen sich mir die Haare auf. Es gibt auch hierzulande noch Trainer, die versuchen, einen selbstbewussten, starken Hund mit Stachelhalsband, dünnen Würgebändern, mit Kraft oder einer anderen Art von roher Gewalt zu brechen und ihn gefügig zu machen. Dauerdruck und Schmerz sind definitiv die schlechtesten Trainingsmethoden, die man nur anwenden kann. Natürlich kann man einen Hund so lange vermöbeln, bis er sich unterordnet und tut, was man verlangt. Doch dieser Zustand ist nur einer auf Zeit, denn irgendwann kommt der Moment, indem der Hund seine Chance sieht und zuschnappt.

Erlebt auf einem Abrichteplatz in Oberösterreich.

Ein junger Mann kam mit einem Dobermann in die Hundeschule. Er beschrieb den Hund als aufsässig, flegelhaft, frech und launisch. Er würde zuweilen nach der Hand seines Besitzers schnappen, sollte ihn dieser zu hart anpacken.

Man begann mit dem Hund zu arbeiten. Nachdem er ständig an der Leine zog und nicht einmal dazu zu bewegen war, aufzupassen, verpasste man dem Tier sofort ein Stachelhalsband. Allerdings hatte der junge Besitzer ein Problem mit dem Handling dieses Instruments, weswegen der Trainer die Leine übernahm, neben dem jungen Mann herging und jedes Mal am Hals des Hundes rupfte, sobald dieser meinte, sich um seine eigenen Interessen kümmern zu wollen. Für kurze Zeit ging es gut. Wir als Zuschauer bemerkten nicht, dass der Hund bei jedem Rupfen knurrte und sich nur noch mehr verspannte. Als er beim zehnten „Sitz" noch immer seinen Hintern nicht nach unten brachte, trat ihn der Trainer in den Schenkel, nicht wirklich wild, aber deutlich. Es reichte. Der Dobermann drehte sich um und ging zuerst auf seinen Besitzer los, da er seinen eigentlichen „Feind" nicht erkannte. Der Trainer griff in die Leine, maßregelte den Hund aufs Heftigste unter Einsatz des Stachelhalsbandes, sodass der Hund jaulte und schließlich in die Knie ging. Okay, für einen Angriff hat er eine Konsequenz erhalten. Doch die Haltung des Hundes blieb weiterhin gespannt. Zwar wurde er zwischenzeitlich für sein gemachtes „Sitz" gelobt, dennoch ging dem Hund die Art und Weise, wie man mit ihm umging, mächtig auf den Keks. Seine Augen und seine gesamte Körperhaltung erklärten, was in ihm vorging, und so langsam und sicher wurde dem Hund auch klar, wer denn die Ursache für sein Übel war. Es schien, als würde der Hund nur auf einen Grund warten, der natürlich auch kam. Bei einer Rechtswendung war er nicht schnell genug. Der Trainer korrigierte wieder mit der Leine und diesmal sah der Hund seine Chance gekommen. Er ging auf den Mann los und vergrub sofort seine Zähne in dessen Unterarm. Nur durch die schnelle Reaktion des Besitzers, der seinen Hund sofort mit den Armen umschlang und beiseite zog, wurde Schlimmeres verhindert. Das Tier war derart zornig, dass an eine weitere Arbeit nicht zu denken war. Auch sein junger Besitzer meinte wohl, dass das Stachelhalsband vielleicht doch nicht das richtige Instrument sei.

Man kann Gewalt nicht mit Gewalt beantworten, und man sollte Hunde nicht mit Schmerz trainieren. Es gibt aber immer noch Trainer, die das glauben und auch praktizieren.

Was ebenso schlecht ankommt, ist die Ei-ei-Methode. Bei einem Hund nur gutes Verhalten positiv zu verstärken, Schlechtes zu ignorieren und ihn pausenlos abzulenken, funktioniert bei einem bissigen Hund nur bedingt. Selbst in unserem Hunderudel maßregeln sich die Hunde untereinander. Das passiert schnell, effektiv und ist genauso schnell wieder vorbei, wie es gekommen ist. Andere Dinge klärt die Rangordnung. Niemals würde sich ein rangschwacher Hund wirklich gegen einen rangstarken auflehnen. Tut er es doch, bekommt er einen Denkzettel, sofort und unmissverständlich. Die Leithündin hat einen uneingeschränkten

Status. Keiner der Rudelmitglieder würde ihr einen Knochen wegnehmen. Sie schafft es, andere nur durch einen Blick von ihrem Liegeplatz zu verjagen oder sich schlecht benehmende Junghunde durch Körpersignale einzuschüchtern. Reagieren Junghunde nicht auf ihre Zeichen und zeigen sie keinen Respekt, gibt es eine aufs Dach. Ich konnte anhand meines Rudels viele Dinge erlernen, die mir sonst im Verborgenen geblieben wären. Auch wenn jemand ein oder zwei Hunde, vielleicht sogar drei Hunde besitzt, wird er nicht mit dem Verhalten belohnt werden, wie es mir jeden Tag vorgelebt wird.

Auch in Hundezonen wird man dieses „Funktionieren" nie wirklich studieren können, denn Hunde, die sich auf der Straße begegnen, eruieren keine Rangordnung. Da geht es lediglich um „ich mag dich" oder „ich mag dich nicht". Sie haben keinen Grund eine Rangordnung festzulegen. Das passiert nur, wenn mehrere Hunde ständig zusammenleben. Um das Funktionieren innerhalb der Gruppe zu gewährleisten, braucht es eine Ordnung, und genau die legen die Rudelmitglieder automatisch, durch Körpersignale, durch Ausstrahlung und starkes Auftreten fest. Dazu braucht es keine Rauferei.

Einem Hund, der darauf aus ist, anderen Schaden zuzufügen, gehört sehr schnell klar gemacht, dass er das nicht darf, und dass das mit Problemen verbunden ist. Ich würde bestimmt keinem Hund ein Leckerli zwischen die Zähne stopfen (welches er vermutlich wieder ausspuckt) oder ihn ablenken, wenn er drauf und dran ist, einen anderen Hund aufs Korn zu nehmen. Dieser Hund muss wissen, dass er das nicht darf, ohne Ausnahme. Er muss den anderen keinesfalls mögen, er muss ihn nicht heiraten, aber er kann ihn in Ruhe lassen. Werden solche Hunde dann auch noch im Brustgeschirr geführt, können Unfälle vorprogrammiert sein, da man im Geschirr nie den Kopf des Hundes kontrollieren kann (manche Hundebesitzer sind noch nicht mal in der Lage, den Körper im Geschirr zu kontrollieren). Ein Hund, der dazu neigt, zuzubeißen, und es auch darauf anlegt, gehört an kein Geschirr. Ganz sicher auch an keine Laufleine. Keines dieser beiden Dinge ist wirklich dazu geeignet, einen heftigen, aggressiven oder gar beißenden Hund zu halten. Greift die Laufleine nicht und hat der Hund Platz, Schwung zu holen, ist es schon für die Größe Cocker Spaniel ein Leichtes, seinen Besitzer regelrecht aus den Schuhen zu heben. Wie das dann bei einem wirklich großen Hund für den Hundeführer ausschaut, will ich mir noch nicht mal vorstellen. Reißt dann auch noch der Plastikverschluss des Halsbandes, denn Kettenhalsbänder sind ebenfalls schon in Verruf geraten, dann stehen die Voraussetzungen für einen Übergriff denkbar günstig. Man kann, und das sage ich nun mit aller Deutlichkeit, einen heftigen, zu Beißattacken neigenden Hund mit einen Geschirr oder einer Laufleine nicht hundertprozentig sichern. Zudem stellt das Kettenhalsband bestimmt keine dauerhaft, gesundheitsgefährdende Belastung für den Hund da, denn sonst hätten meine Hunde bisweilen nicht überlebt, denn sie alle tragen großgliedrige Kettenhalsbänder. Ein Kettenhalsband reißt nicht. Der Verschluss dieser Klickhalsbänder kann brechen beziehungsweise dem Hund ist es möglich, bei der richtigen Bewegung aus dem Halsband zu schlüpfen. Und sollte jetzt jemand an den Tierschutz denken ... Ehrlich gesagt, ist es mir als Besitzer eines harten Hunde lieber, ein Kettenhalsband zu verwenden, um meinen Hund in entsprechenden Situationen kontrollieren zu können, als zusehen zu müssen, wie sich Freund Hund befreit und dazu übergeht, jemanden schwer zu verletzen.

Zudem glaube ich persönlich auch nicht, dass das Ambiente einer Hundeschule immer passt, um einen bissigen Hund in seine Schranken zu verweisen. Meist wird in solchen Hundeschulen in großen Gruppen gearbeitet. Es werden Kommandos einstudiert, die Leute meist auf ihre erste Prüfung vorbereitet. Ob das dem Besitzer eines bissigen Hundes hilft, der mit seinem Hund in Alltagssituationen klarkommen muss, ist fraglich. Sicherlich gibt es Hundeschulen, die genau das erarbeiteten, die das Problem durchaus kennen. Nach meinen Erfahrungen ist das aber nicht unbedingt die Regel.

Der Anruf eines Hundebesitzers bei seinem Trainer

Anruf von Herrn Wirsch, seines Zeichens Hundebesitzer ("W") bei seinem Hundetrainer Herrn Lipp ("L"):

Zugegeben, frei erfunden und etwas übertrieben.

W: „Guten Tag Herr Lipp. Hier spricht Herr Wirsch!"

L: „Ah, Herr Wirsch. Nun, wie geht es denn so mit Ihrem Hund?"

W: „Ja, eigentlich soweit ganz gut. Ich habe da jetzt nur ein kleines Problem."

L: „Ja bitte. Wie kann ich Ihnen helfen?"

W: „Äh, Sie wissen schon. Unser Putzibärli macht ja gute Fortschritte. Aber jetzt hat er sich gerade in meine linke Wade verbissen und will nicht mehr loslassen. Können Sie mir sagen, was ich tun soll?"

L: „Das klingt aber nicht so gut. Nun, jetzt sollten wir wissen, wie weit die Kommandos ´nein` und ´aus` schon sitzen. Haben Sie mit ihm trainiert, Herr Wirsch?"

W: „Ja, natürlich haben wir das. Es funktioniert auch schon immer besser."

L: „Na, dann versuchen Sie es doch mal mit dem Kommando ´aus`. Aber nicht zu laut und zu scharf, denn wir wollen den armen Kerl nicht traumatisieren. Haben Sie ein Leckerli parat, damit Sie ihn auch sofort belohnen können, wenn er das Kommando annimmt?"

W: „Ja, selbstverständlich habe ich das, aahhhh." (Man hört den Hund im Hintergrund knurren.) „Wir sollten uns beeilen, denn ich glaube Putzibärli wird schon langweilig."

L: „Dann versuchen Sie es. Sagen Sie deutlich ´aus` und halten Sie ein Leckerli bereit."

W: „Okay. Bärli, aus. Bärli, aus. Hörst du. Aus!" (Man hört den Hund wieder laut knurren und ein schmerzvolles Stöhnen im Hörer.) „Ich glaube, es funktioniert nicht. Bärli lässt nicht los."

L: „Na, dann sollten wir versuchen, ihn abzulenken. Vielleicht haben Sie sein Lieblingsspielzeug bei der Hand. Möglicherweise lässt er los, wenn Sie ihm sein Spielzeug werfen. Und nicht vergessen. Sofort ein Leckerli!"

W: „Warten Sie!" (Es sind eigenartige Geräusche zu hören). „So, nun habe ich das Spielzeug. Soll ich es werfen?"

L: „Ja, und fordern Sie ihren Hund zu einem lieben Spiel auf, damit er angenehm überrascht und positiv bestärkt wird."

W: „Okay! Bärli schau, ahhhhh!" (Man hört den Hund wieder knurren.) „Schau, was ich für dich habe. Hier, Balli, Balli. Willst du es haben? Na, willst du? Herrli hat auch ein Leckerli für dich. Schau, aaahhhhh!" (Diesmal knurrt der Hund schon heftiger.) „Ich glaube, es funktioniert nicht."

L: „Tja, dann, dann brauchen wir eine Hilfsperson. Ist Ihre Frau vielleicht in der Nähe?"

W: „Ja, warten Sie, ich rufe Sie mal schnell." (Wieder ein Gurgeln durch die Leitung.) „Heeeelgaaaa, kannst du bitte kommen? Und bring bitte einen Fetzen mit. Hier ist schon alles voller Blut und Bärli schmiert sich die Pfoten und das Fell ganz voll. Das mag ich nicht. Er soll doch sauber aussehen."

Es dauert eine Weile, dann hört man Schritte.

W: „Warten Sie, Herr Lipp, meine Frau macht Bärli etwas sauber, aaaahhhhhh." (Man hört ein lautes Poltern durch das Telefon.)

L: „Herr Wirsch?"

Keine Antwort.

L: „Herr Wirsch?"

W: „Herr Lipp, hier ist Frau Wirsch. Mein Mann ist gerade in Ohnmacht gefallen. Vermutlich durch den Blutverlust."

L: „Und, hat Putzibärli denn losgelassen?"

W: „Nein, er hängt noch immer an der Wade meines Mannes, die sich schon langsam vom Knochen löst. Was soll ich machen?"

L: „Dann holen Sie doch bitte den Clicker, Frau Wirsch."

W: „Werde ich machen!"

Man vernimmt wieder Schritte, eine Tür wird auf- und zugeworfen. Kurz darauf hört man wieder die Atmung im Telefon.

W: „Ich stehe jetzt mit dem Clicker bereit, Herr Lipp. Was muss ich machen?"

L: „Sagen sie ´aus` und clicken Sie. Wenn Bärli loslässt, dann loben Sie ihn mit einem weiteren Clickgeräusch."

W: „Okay. Bärli aus, Bärli aus jetzt!" … (Kurz darauf hört man tatsächlich ein Clickgeräusch.)

W: „Herr Lipp. Bärli hat einen Teil von der Wade meines Mannes in der Schnauze und ist jetzt in seinen Korb gegangen. Muss ich ihn jetzt noch mit einem zweiten Leckerli bestärken?

Natürlich ist diese Geschichte frei erfunden. Aber seien Sie ehrlich. Trifft man damit nicht manchmal ein ganzes Stück Realität?

Unterwegs mit einem bissigen Hund

Vermutlich werden Sie es selbst wissen, wenn Sie einen bissigen oder unverträglichen Hund haben. Sie sind auch entsprechend vorsichtig, damit dieser Hund für niemanden zur Gefahr wird. Sie sind pflichtbewusst und leinen ihren Hund an beziehungsweise versehen ihn mit einem Beißkorb. Nur, was hilft Ihnen Ihre Vorsicht, wenn andere Hundebesitzer einfach zu dumm dazu sind, zu sehen, warum Sie vorsichtig sind.

Hat man einen Hund, der dazu neigt, nicht nur zu raufen, sondern auch Menschen zu beißen, muss man sich Folgendes vor Augen halten.

Eine Rauferei unter Hunden ist nicht lustig und schön. Geht es dabei ordentlich zur Sache, können sich die Hunde gegenseitig derb verletzen. Ist das Kräfteverhältnis ungleich (kleiner Hund gegen großen Hund), könnte der körperlich Unterlegene den Streit möglicherweise nicht überleben. Alles in allem sollte jeder Hund haftpflichtversichert sein, sodass Tierarztrechnungen, sollte der andere Hund versorgt werden müssen, abgedeckt sind. Ganz anders sieht die Sache aus, wenn jemand versucht, die Hunde zu trennen und dabei vom eigenen oder auch vom fremden Hund gebissen wird. In einer Rauferei kennt der Hund weder seinen eigenen Besitzer noch einen Fremden, weswegen es durchaus passieren kann, dass man im Zuge des Gefechts vom eigenen Hund gebissen wird. Während einer Rauferei sind Hunde selten zimperlich oder vorsichtig. Ein einziger Biss, unterstrichen mit einem Hin- und Herschlagen des Kopfes, kann einen Arm zerfetzen. Ist jemand verletzt, stellt sich in den meisten Fällen die Frage, von welchem Hund man gebissen worden ist. Muss man ins Krankenhaus, wird die Bissverletzung angezeigt. Es folgt eine polizeiliche Aufnahme, eine Tollwutuntersuchung des Hundes, der gebissen hat ... das ist alles sehr lästig. Ist der Geschädigte schwer verletzt oder könnten dauerhafte Schäden bleiben, kommt vielleicht noch eine Schmerzensgeldklage hinzu. Das kann ganz schön teuer werden. Es fruchtet meist nicht, zu behaupten, der eigene Hund wäre unschuldig. Bei einer Bissverletzung ist immer ein Hund schuld.

Ganz schlimm wird die Sache, wenn der Hund bewusst einen Menschen angegriffen und/oder vorsätzlich gebissen hat.

Jemand will den Hund streicheln, Sie sind unaufmerksam und schnapp.

Der Hund läuft frei, jemand kommt des Weges, verhält sich vielleicht irgendwie anders. Ihr Hund gehorcht nicht, sondern befindet, den Fremden erst beißen zu müssen.

Manche Hunde attackieren scheinbar völlig grundlos Menschen und verletzen sie schwer, sind oft nur unter Brachialgewalt von ihrem Opfer wegzubekommen. Das sind dann jene Unfälle, die in den Medien breit getreten werden und in der Zeitung landen.

Aus Erfahrung kann ich sagen, Hunde haben für sich immer einen Grund, etwas zu tun. Grundlos beißt kein Hund. Nur wir sind oft nicht in der Lage den Grund zu sehen. Was aber in dem Moment egal ist, wenn es passiert.

Meist reagieren Menschen bei herben Attacken völlig falsch. Natürlich möchte man jemandem helfen, der von einem Hund angegriffen wird. Besonders dann, wenn das Opfer ein Kind ist. Aber es bringt nichts, auf den Hund einzutreten, ihn zu schlagen oder mit Gegenständen auf ihn einzudreschen, da ein Hund während einer Rauferei oder einer Attacke gefühllos und schmerzunempfindlich ist. Was immer er auch in seinem Opfer sieht, spürt er Gegenwehr, egal woher sie kommt, geht der Hund davon aus, dass diese vom Opfer kommt, und fühlt sich in seinem Tun bestätigt. Besser wäre es, den Hund an die Leine zu nehmen oder, sollte er ein Geschirr tragen, zu versuchen, die Leine um seinen Hals zu schlingen, und ihn wegzuziehen. Es gilt der Grundsatz, der Hund muss loslassen. Lässt ein Hund nicht los und versucht man das Opfer wegzuziehen, wird er mit rauer Kraft versuchen, seine „Beute" zu halten. Lässt so ein Hund durch Zufall los, benötigt man Kraft, Zivilcourage und ein mächtiges Maß an Eigeninitiative, da das Tier alles dransetzen wird, um seine verlorene „Beute" wieder zu erreichen. Die Gefahr, als

Helfender dann ebenfalls gebissen zu werden, ist groß. Will ein Hund wirklich nicht loslassen, kann man nur versuchen, ihn durch Abwürgen der Luft dazu zu veranlassen, das Maul zu öffnen. Dazu benötigt man Mut, Kraft, Erfahrung und Nerven. Es wird extrem schwer, diese zu behalten, wenn ein Kind um Hilfe brüllt und der Hund pausenlos zubeißt und an dessen Körper zerrt. Wer da abschalten und durchgreifen kann, dem gebührt mein ganzer Respekt. Aber genau die Nerven wären notwendig, um noch mehr Schäden zu verhindern. Geschrei, Gebrüll, Hektik, Tritte und Schläge verschlimmern die Situation nur noch mehr.

Ich habe bereits zwei mir völlig fremde, kämpfende Hunde getrennt, da die Besitzer sich dieser Situation hilflos gegenübersehen haben. Erst als ich anordnete, was zu tun war, und die Besitzer unterstützte durchzuhalten, klappte es schließlich. Ob ich die gleichen Nerven hätte, wenn das Opfer ein Mensch wäre, weiß ich nicht. Ich musste dies, Gott sei Dank, nie unter Beweis stellen.

Jedenfalls ist es so, dass man mit einem bissigen Hund wachsamer und sensibler sein sollte.

Ein Hund, der dazu neigt, zuzubeißen, gehört gesondert verwahrt. Nie würde ich einen bissigen Hund zusammen mit Fremden in meinem Haus allein lassen. Solche Hunde gehören aus Sicherheitsgründen weggeschlossen, um Unfällen vorzubeugen.

Ich finde es nicht besonders verantwortungsvoll, einen bissigen Hund an Fremde, noch dazu im eigenen Territorium, gewöhnen zu wollen. Auch das habe ich schon gehört. „Der muss das lernen, er darf keine Fremden angreifen."

Es mag sein, dass es eine Zeitlang gut geht. Zwei Wochen, drei, mehrere Monate oder gar ein oder zwei Jahre. Man glaubt, es geschafft zu haben, wird weniger wachsam, die Aufmerksamkeit lässt nach und dann ... passiert es.

Wenn ein Hund Fremde im eigenen Haus nicht mag, ist es besser und sicherer, das zu akzeptieren. Ein weggesperrter Hund kann nicht beißen. Dazu kann man sich auch der Hundebox bedienen, sollte man um Einrichtung und Zimmertüren fürchten. Kennt der Hund die Box, kann man ihn ruhig für einige Zeit dort belassen. Er ist sicher verwahrt und kann für niemanden zur Gefahr werden.

Haben Sie Kinder? Dann kann ihr Hund noch so niedlich und brav zu den eigenen sein, neigt er zur Bissigkeit, gehört er erst recht weggeschlossen, wenn sich fremde Kinder im Haus befinden. Nichts ist schlimmer, als wenn ein Hund ein Kind (vielleicht auch noch jenes Ihrer besten Freundin) beißt und verletzt. Was für eigene Kinder gilt, gilt noch lange nicht für fremde.

Nimmt Ihr Hund die Bewachung des Autos sehr ernst, kann man sich auch dort mit einer Hundebox behelfen. Bei einem Kombi ist es möglich, den Kofferraum vom Fahrgastraum zu trennen, was gesetzlich sogar vorgeschrieben ist. Ich werde Leute nie verstehen, deren Hunde quer durch das Auto galoppieren, die Scheiben vollschmieren, überall Haare und Dreck verteilen, über alles drüberrennen, nur um wüst zu bellen, da sich jemand erdreistet hat, einen Blick in das Fahrzeug zu werfen. Zudem ist nervendes Gebell auf der Rückbank für den Fahrer äußerst lästig. Es kann ablenken und auch Unfälle verursachen. Hunde gehören im Auto nicht nur gesichert, sondern sie sollten lernen, sich ruhig zu verhalten. Ein Fahrer, der erschrickt, weil sein Hund plötzlich bellt, kann sein Auto verreißen und irgendwo dagegen rumsen.

Und stellen Sie sich bitte vor, Sie haben einen gefährlichen Hund im Auto sitzen, erleiden einen Unfall, sind im Auto eingeklemmt und die Hilfskräfte können Ihnen nicht helfen, weil der Hund diese nicht lässt. Sie könnten sterben, da Ihr Hund in gut gemeinter Absicht das Auto gegen Fremde verteidigt. Es ist schon vorgekommen, dass Hunde von der Polizei erschossen werden mussten, um Verunglückten helfen zu können. Meist werden sie lediglich ruhiggestellt, was mit einem Narkosegewehr möglich, aber mit erheblichem Zeitaufwand verbunden ist. Wenn der Mensch da drinnen dringend Hilfe benötigt, maximiert sich die Katastrophe. Eine Hundebox ist vielleicht kein Allheilmittel, aber immerhin noch besser, als einen ungesicherten, gefährlichen Hund im Auto frei mitzuführen.

Auch bei allgemeinen Spaziergängen, beim Gassi gehen, ist mit einem bissigen Hund Vorsicht geboten. Will man ihn von der Leine lassen und ihm Freiraum gönnen, muss der Hund in jedem Fall gehorchen, wenn man ihn ruft. Es kann böse enden, wenn Ihr Hund plötzlich etwas sieht, Ihre Rufe ignoriert und sich dann in einer Rauferei wiederfindet. Hundertprozentige Folgsamkeit ist Voraussetzung für den Freilauf eines bissigen Hundes. Und das gehört immer und immer wieder in den verschiedensten Situationen trainiert, um eben Unfällen vorzubeugen. Ein Beißkorb kann zwar Schäden verhindern, dennoch sind diese Dinger keinesfalls so sicher, wie man vermuten möchte. Riemen können reißen, Beißkörbe vom Kopf rutschen. Es wäre nicht das erste Mal. Verlassen Sie sich beim Freilauf bitte nie auf den Beißkorb. Er verhindert keinen Angriff, maximal Schäden und das auch nicht zu hundert Prozent.

Läuft Ihr Hund frei, sind Sie angehalten, ihn nicht zu weit vorlaufen zu lassen. Rufen Sie Ihren Hund vor jeder Kurve, denn Sie wissen nicht, was sich dahinter befindet. Seien Sie wachsam Ihrem Umfeld gegenüber. Sind mehrere Menschen unterwegs, ist es sicherer, den Hund anzuleinen. Menschen mit bissigen Hunden suchen sich gerne Gegenden aus, wo sie mit ihren Hunden allein sind. Zu groß ist die Gefahr eines Übergriffes.

Führen Sie Ihren bissigen Hund, auch wenn er klein ist, nie im Geschirr. Ihr Hund hat seine Waffe vorne im Gesicht. Sein Körper beißt nicht. Den Kopf kann man im Fall des Falles schnell zur Seite ziehen. Aber was nützt es, den Körper beiseite zu ziehen, wenn der Kopf noch immer vorne ist.

Verbieten Sie fremden Personen dezidiert Ihren Hund anzufassen. Sehr viele Menschen neigen dazu, sich trotz Warnung dem Hund zu nähern, um zu erproben, „ob er denn mich auch beißt oder mich vielleicht mag". Hat er gebissen, ist es zu spät. Sagen Sie unverbesserbaren Besserwissern, dass Sie wissen, wovon Sie reden. Wenn Sie sagen: „Vorsicht bissig. Nicht anfassen." Dann haben das andere gefälligst zu akzeptieren. Finger weg von einem bissigen Hund.

Das gilt auch, wenn Ihr Hund einen Beißkorb trägt. Sie wissen warum, der andere weiß es nicht und glaubt, dass eh nichts passieren kann. Nein, einen Hund, der schon mit Beißkorb gesichert ist, fasst man nicht an, Ende!!! Setzen Sie sich durch, denn ich habe die Erfahrung gemacht, dass es immer wieder Leute gibt, die alle Warnungen ignorieren und den Hund trotzdem anfassen wollen. Ich drohte einst jemandem die Finger abzuhacken, sollte er meinen Hund auch nur berühren, da er es einfach nicht begreifen wollte. Es scheint für manche Menschen eine Bestätigung zu sein, einen „bösen" Hund anfassen zu können. Sie als Hundebesitzer tragen aber die Verantwortung, wenn es daneben geht.

Rufen Sie Ihren Hund immer, wenn sich andere Hunde nähern. Sie werden staunen, wie oft Sie die Aussage „Meiner tut nix" hören werden, wenn Sie andere Hundebesitzer bitten, ihren Hund anzuleinen. Was nutzt Ihnen das, wenn der andere vielleicht freundlich ist, aber Ihr eigener schon darüber nachdenkt, wie er ihn am besten filetieren kann. Wir haben uns zur Angewohnheit werden lassen, unsere Hunde immer zurückzurufen und anzuleinen, wenn andere Hunde kommen. Egal, ob der eigene Hund freundlich ist oder nicht. Man kann nicht wissen, ob sich die Hunde wirklich vertragen, ob sie sich mögen, man kann nicht wissen, ob der andere Hund verträglich ist, man kann nicht wissen, ob es sich um eine läufige Hündin handelt und man kann auch nicht wissen, ob der Hundebesitzer sympathisch ist oder meinem Hund einen Tritt verpasst, weil er sich vielleicht bedroht fühlt.

Ich musste einst miterleben, wie ein 15 Wochen alter Jack Russell Welpe von einer Passantin einen Tritt bekam, weil das Hündchen zu ihr hopste, da er verständlicherweise altersbedingt noch nicht gehorchte. Oh doch, man sah dem Hund an, dass es ein Welpe war, jedoch fehlt so manchen Leuten der Blick dafür. Die Passantin beschwerte sich, ich solle meinen Hund zurückrufen, er könne sie beißen. Auf den Tritt hin fuhr ich heftig mit ihr aneinander und die Dame saß ruckzuck mit ihrem Hintern im Schnee. Wütend frage ich sie, mit was ein 15 Wochen alter Welpe sie beißen solle? Mit den Milchzähnen, die er gerade verliert?

Tritt ein Passant nach einem Hund, der imstande ist, sich zu wehren, kann das böse ausgehen.

Begegnet Ihnen ein anderer Hund, der nicht angeleint wird, erklären Sie dem Besitzer, dass für seinen Fiffi Lebensgefahr herrscht, sollte er sich nähern. Das hilft meist. Ist ihr Hund klein, aber trotzdem bissig, dann verdeutlichen Sie das anderen Leuten. Nicht lieb und nett, sondern direkt, damit jeder merkt, dass Sie es ernst meinen.

Ich hatte einst auch eine Begegnung mit einem Beagle. Ich rief der Besitzerin entgegen, sie solle ihren Hund rufen, da meine Hündin unverträglich wäre. Es kam, wie es kommen musste. Ihr Hund gehorchte nicht. Die alte Dame lief ihrem Hund hinterher, der natürlich zu meiner Hündin wollte, die mit Aufziehen der Lefzen und Zeigen der Zähne, „Lass mich in Ruhe", signalisierte. Dieser Hund hatte keine Erfahrung mit den Zeichen meiner Hündin (vielleicht wollte er sie auch nicht wirklich wahrhaben), sondern lief direkt zu ihr. Um ihn zu schützen, (meine Hündin würde zubeißen, sollte er mit ihr in Berührung kommen) verpasste ich dem Hund einen Tritt. Aber anstatt umzukehren und dem wilden Rufen seiner Besitzerin Folge zu leisten, machte das Tier einen Bogen und kam von hinten. Dieser Casanova war wirklich unverbesserlich. Das war der Moment, wo er den zweiten Tritt erhielt, denn ich wollte nicht, dass meine Hündin ihn maßregelte. Endlich kam auch das Frauerl und hatte allerhand damit zu tun, ihren Hund einzufangen. Dem nicht genug, schimpfte sie auch noch mit mir, war beleidigend und ungehalten, stempelte mich als Tierquäler ab, drohte mich anzuzeigen. Wie konnte ich nur ihren Hund treten. Solchen Leuten zu erklären, dass ich ihn damit lediglich davor schützen wollte, gebissen zu werden, ist sinnlos. Mein Hund war angeleint, kontrolliert und ich hatte sie gewarnt. Mehr kann ich nicht machen. Ich musste mir noch anhören, dass man mit einem Köter wie meinem nicht spazieren gehen sollte. Die Antwort, dass ich mir mit dem Tragen ein wenig schwer täte, verkniff ich mir nicht. Aber das ist Hundealltag und ich verstehe manchmal die Leute nicht, die einfach nicht realisieren können oder wollen, dass es Hunde gibt, die nicht ungefährlich sind.

Kommt Ihnen jemand entgegen, der sich sichtlich vor Hunden fürchtet, dies vielleicht auch noch sagt, dann respektieren Sie das und gehen zusätzlich auf die Seite, in die Wiese, in den Wald oder auf die andere Straßenseite, wie auch immer. Der Angsthase wird dankbar sein und Ihnen bricht dabei kein Zacken aus der Krone.

Binden Sie einen bissigen Hund niemals vor Geschäften oder sonst wo an, auch nicht mit Beißkorb. Die Gefahr eines Übergriffes ist einfach zu groß.

Für einen bissigen oder unverträglichen Hund sind Hundezonen ein Martyrium. Raufereien und Keilereien sind vorprogrammiert. Wenn Ihr Hund schon keine fremden Hunde mag, dann konfrontieren Sie ihn auch nicht damit.

Es gibt Trainer, die trainieren mit anderen Hunden und sehen den Erfolg darin, wenn der bissige Hund sich plötzlich mit einem anderen verträgt. Der Grund ist jener. Trainiert man immer wieder mit dem gleichen Fremdhund, ist ein gewisser Gewöhnungs- und Erkennungseffekt vorhanden. Irgendwann weiß Ihr Hund, dass von diesem einen fremden Hund keine nennenswerte Gefahr ausgeht, auch die Dominanz wird nicht infrage gestellt, und der Bissige beginnt zu erdulden, vielleicht sich auch mit dem Fremden zu vertragen. Viele Besitzer freuen sich über diesen Erfolg, glauben, alles sei nun in Butter, werden aber in dem Moment eines Besseren belehrt, wenn der eigene Hund einen anderen, den er eben noch nie gesehen hat, doch wieder aufs Korn nimmt.

Meiden Sie mit Ihrem Hund in jedem Fall Bereiche oder Spielplätze, wo sich Kinder aufhalten. Ein bissiger Hund und ein Kind sind eine denkbar schlechte Kombination. Übergriffe dieser Art hat es schon gegeben.

Kinderspielplätze, Wohnsiedlungen, Bereiche, wo Kinder zuhause sind, sollten mit Hunden generell gemieden oder schnell verlassen werden, sollte man selbst dort wohnen. An diesen Orten hat ein Hund nichts verloren. Treffen in diesem Bereich zwei unverträgliche Hunde aufeinander und beginnen zu raufen, läuft man Gefahr, dass Kinder ihren eigenen Hund schützen wollen und dazwischen gehen. (Wir haben das bereits erlebt und fast einen Herzstillstand erlitten). Oder aber man erlebt, wie Kinder kreischend, schreiend und weinend in Panik geraten. Bereiche für Kinder sind Kindern vorbehalten und nicht für Hunde bestimmt, schon gar nicht für bissige.

Einen bissigen Hund zu halten, hat etwas mit Verantwortung zu tun. Man muss sichergehen, dass das Tier für niemanden zur Gefahr werden kann. Ein Hund, der zugebissen hat, bekommt selten recht. Es heißt laut Gesetz, der Hund muss so gut verwahrt werden, dass er für Menschen niemals zur Gefahr werden kann. Verteidigt ihr Hund in gut gemeinter Absicht Haus, Hof und Familie, kann das für Sie als Hundehalter trotzdem schwer nach hinten losgehen. Selbst bei der Polizei ist der Einsatz eines Diensthundes mit dem Einsatz einer Dienstwaffe zu vergleichen, die gerechtfertigt werden muss.

Seien Sie mit einem bissigen Hund besonders vorsichtig, vielleicht noch vorsichtiger und umsichtiger als sonst, und denken Sie daran, je länger nichts passiert, desto nachsichtiger wird man.

Trainieren Sie Ihren Hund, arbeiten Sie mit ihm, sonst ist Ihr bissiger Hund dazu verdonnert, sein Leben lang eingesperrt zu sein oder es angeleint zu verbringen.

Wann muss ein bissiger Hund getötet werden

Grundsätzlich kann ich dazu sagen, dass Hunde, die einen Menschen wirklich schwer verletzt haben, keine große Chance eingeräumt bekommen. Wer möchte schon einen bissigen Hund haben, wer einen Hund besitzen, der jemanden schwer verletzt hat, wer möchte die Verantwortung tragen, sollte es nochmal passieren? Meistens handelt es sich dabei um große und kräftige Hunde, die einfach weit übers Ziel hinaus geschossen haben. Manche Hunde werden nach einer Bissattacke sofort eingeschläfert, andere in irgendeinem Tierheim eingesperrt. Diese Hunde sind gebrandmarkt, keine Frage.

Auch ich bin der Meinung, dass jedem Hund das Recht zu Leben gewährt werden sollte. Wenn das Leben allerdings so ausschaut, dass der Hund nur noch in einem Zwinger existieren kann, und nur noch schwer gesichert mit Leine und Beißkorb sein Umfeld wahrnehmen darf, frage ich mich, ob man so einem Hund damit einen Gefallen tut. Ist so ein Hund wirklich glücklich?

Manche Hunde werden schon auffällig, bevor sie zugebissen haben. Sie knurren ihre Besitzer an, schnappen nach Familienmitgliedern, nach Kindern, die Menschen bekommen Angst. Oder der Hund fordert seine Besitzer schon richtig heraus, indem er gewisse Plätze für sich beansprucht und dies auch mit Nachdruck einfordert. Möglicherweise gab es bereits einen kleinen Übergriff, bei dem zwar nicht viel passiert ist, über den man aber doch nachdenken sollte.

Ob man den Hund wirklich einschläfern lassen will oder muss, entscheidet manchmal die Zeit. Wenn eine Mutter ständig Angst um ihre Kinder hat, oder sich sogar selbst schon vor dem Hund fürchtet, weil er sich eben entsprechend verhält, kann ich niemandem vorwerfen, wenn er den entscheidenden Weg wählt. Hat der Hund erst zugebissen und schwere Schäden hinterlassen, egal ob körperliche oder seelische, dann ist es zu spät.

Ob man seinen Hund in ein Tierheim geben möchte, ist eine Sache, die der Besitzer entscheiden muss. Fakt ist, kommt der Hund in falsche Hände und verletzt dann einen Menschen oder ein Kind, war die Entscheidung mit dem Tierheim sicherlich nicht sinnvoll, denn die Wenigsten können wirklich mit einem unverträglichen oder gar bissigen Hund umgehen. Zudem wollen viele Hundehalter das auch gar nicht. Einen problematischen Hund zu führen, ist schwieriger und zeitintensiver. Man muss sich seiner hohen Verantwortung bewusst sein. Persönlich möchte ich keinen erwachsenen, fremden Hund zu mir nehmen, der zuerst die Grenzen zu Hause austestet und vielleicht mir die Zähne zeigt, um das durchzusetzen, was ihm vielleicht eine ganze Zeitlang vorher auch gelungen ist. Natürlich könnte man das sofort ausdiskutieren. Kommt natürlich auch drauf an, ob der Hund bereit ist, sich unterzuordnen, oder ob er gelernt hat, dass der Mensch immer der Schwächere ist. So einen Hund zu nehmen, kann gut gehen, es kann aber auch schwer daneben gehen.

Ob Sie sich entscheiden einen gefährlichen Hund einschläfern zu lassen, ist Ihre Sache. Weder der Tierschutz noch ein Tierheim, noch irgendjemand anders kann Ihnen das abnehmen. Sie kennen Ihren Hund am besten und Sie müssen die Verantwortung tragen, denn die trägt sonst niemand.

Der Angstbeißer

𝕴m Allgemeinen versteht man unter bissigen Hunden, Hunde, die im Großen und Ganzen recht resolut sind und wissen, wie man sich durchsetzt. Ganz anders beim Hund, der vor lauter Angst beißt.

Ängstliche Hunde gibt es genauso wie mutige. Ängstliche Hunde gehen unfreundlichen oder bedrohlichen Situationen gerne aus dem Weg und fordern auch keine heftigen Konfrontationen. Anders sieht es jedoch aus, wenn solche Hunde in die Enge getrieben werden, aus der sich kein Ausweg mehr zeigt. Um sich zu wehren, können diese Hunde ganz gezielt zubeißen. Allerdings ist dieser Biss nicht mit einer Attacke zu vergleichen, sondern mit einem „Retten der eigenen Haut". Der Hund wird so sehr in Panik versetzt, dass er für sich keinen anderen Ausweg mehr sieht. Ist nach dem Biss der Weg frei, wird sich so ein Hund ganz schnell aus dem Staub machen.

Wird so ein Angsthase von einem anderen Hund in die Enge getrieben oder gar angegriffen, hat er allen Grund, um sein Leben zu kämpfen. Auch wenn es vielleicht nicht so tragisch aussehen mag, für den Hund bricht gerade eine Welt zusammen. Er wird sich kreischend verteidigen und irgendwie versuchen, aus dieser Situation rauszukommen. Greift man in so ein Gemenge, was meist keine richtige Rauferei ist, kann man auch von solchen Hunden empfindlich gebissen werden, da sie in ihrer Angst ihre Besitzer nicht erkennen, sondern nur von dem Wunsch besessen sind, sich selbst zu retten.

Ängstliche Hunde brauchen unbedingt die Unterstützung ihres Hundeführers. Einen ängstlichen Hund in für ihn brenzligen Situationen zu streicheln und seine Angst damit zu bestätigen, ist der falsche Weg. Es ist einiges an Fingerspitzengefühl notwendig, um einen ängstlichen Hund in eine Situation zu führen, die er persönlich vielleicht meiden würde, um ihm helfen zu können, ihn aber nicht soweit zu überfordern, dass er in seiner Panik nicht mehr mitdenken kann. Er muss wissen, dass Sie der Pfahl sind, an den er sich binden kann. Wenn Sie die Sache für okay befinden, kann sich der Hund an Ihnen orientieren. Das muss man ihm aber erst verdeutlichen. Man sollte die Angst dieser Hunde bis zu einem gewissen Grad akzeptieren, muss sie aber nicht permanent tolerieren, denn man kann dem Hund auch zeigen, dass gewisse Dinge nicht ganz so schlimm sind.

Unsere Hündin hatte nach einem Autounfall, verständlicherweise, entsetzliche Angst vor fahrenden Autos. Sie wurde damals auf dem Hof, wo unsere Pferde standen, von einem vorbeifahrenden Auto gerammt. Es ist dem Hund zwar nichts passiert, geblieben ist die Erinnerung.

Nachdem mein Hund jedes Mal austickte, wenn in ihrer Nähe ein Auto vorbeifuhr, begann ich daran zu arbeiten. Wir suchten uns für den Anfang wenig befahrene Straßen aus, wo es mir auch möglich war, auszuweichen. Also führte ich den Hund durch die Straßen und gab ihr unmissverständlich zu verstehen, dass sie nicht fliehen konnte, achtete aber darauf, dass der Abstand zum fahrenden Auto groß genug war. So brachte ich sie in einen Zwiespalt. Dem Wunsch, bei mir zu bleiben, und dem Wunsch, vor dem Auto zu fliehen. Ich habe eine sehr gute Bindung zu meinem Hund, weswegen es nicht lange dauerte, bis sie merkte, dass es besser war, direkt bei meinen Beinen zu kleben und die Augen bei jedem Auto einfach zuzumachen. Hätte sie auch die Ohren verschließen können, sie hätte es getan. Nach und nach verringerten wir die Abstände und suchten uns auch Straßen aus, die stärker befahren waren. Mein Hund zuckte zwar jedes Mal zusammen, der Fluchtgedanke war da, aber sie blieb bei mir. Hin und wieder versuchte sie davon zu jagen, was aber durch die Leine verhindert wurde. Ich gab ihr zu verstehen, der Anker zu sein, den sie jetzt benötigte.

Auch heute noch geht sie nicht gerne an fahrenden Autos vorbei, aber sie weiß, dass sie bei mir sicher ist, weswegen sie bei jeder Straße angeleint bei meinen Beinen klebt. Immerzu sucht sie den Kontakt zu mir, um sich zu vergewissern, dass ich da bin. Auch das Ablegen neben einer Straße ist möglich und sie bleibt auch mir zuliebe liegen. Nachdem dies aber ein absoluter

Vertrauensbeweis ihrerseits ist, verlange ich dies kaum von ihr. Sie darf Unruhe verspüren, sie darf Angst haben, aber sie hat gelernt, dass es bei mir immer sicher ist. Niemals würde ich das Vertrauen dieses Hundes enttäuschen.

Manche Hunde beißen ihre Besitzer in die Hände, wenn sie solchen Angstsituationen ausgesetzt werden, um der Leinenführung zu entgehen. Tut ein Hund sowas, hat er kein Vertrauen. Wie gesagt, man braucht nur ein klein wenig Geduld, Fingerspitzengefühl und vielleicht ein wenig hündisches Verstehen, um dem Hund zu zeigen, dass Angst okay ist, dass man aber damit umgehen kann und nicht zubeißen muss.

An dieser Stelle möchte ich all jenen Hundebesitzern erklären, dass ein ängstlicher Hund nicht „schlecht" ist. Gerne werden sie aber mit dieser Eigenschaft bezeichnet und als „minder" betitelt, der Grund des Verhaltens auf schlechte Aufzucht, den falschen Züchter oder auch auf mangelnde Sozialisierung geschoben.

Wer ist eigentlich schuld, wenn Kinder sich als ängstlich erweisen, oder Menschen regelmäßig mit Panikattacken zu kämpfen haben? Gab es da auch einen „falschen Züchter", oder eine „schlechte Aufzucht" oder vielleicht die „mindere Sozialisierung"?

Auf den Menschen projiziert, beginnt man darüber zu grinsen, klingt es doch ziemlich bescheuert, es ist aber nichts anderes. Ängstlichkeit oder auch Mut sind Eigenschaften, die die Persönlichkeit betreffen und das Wesen des einzelnen Individuums verdeutlichen. Jeder kommt mit einer eigenen Persönlichkeit auf die Welt und dabei finde ich es ziemlich trocken, einen Wurf oder eine Rasse in einen Topf zu werfen und zu behaupten, die müssten alle so sein, wie man sie gerne hätte. Daran werden sich die Hunde nicht halten und die Natur auch nicht.

Sonst wäre es doch sehr einfach, lauter hochintelligente Hunde zu züchten, die bereits mit der BGH 3 Prüfung auf die Welt kommen, oder einmal mehr auf den Menschen umgemünzt ... dann wäre es doch ein Leichtes, lauter blitzgescheite Kinder zu ´züchten`, damit man die dumme Sorte endlich ausrotten kann.

Wäre dies möglich, wäre der Mensch mit all seinen Gesetzen der Erste, der genau das machen würde, was im vorhergehenden Satz geschrieben steht.

Jedes Lebewesen hat seine eigene Persönlichkeit, ob mutig, ob ängstlich, ob intelligent, ob blöd, ob liebevoll oder eher raubeinig, und wir hätten eigentlich den Verstand dazu, dies auch zu akzeptieren.

Wenn Hunde raufen

Menschen, die heftige oder eben bissige Hunde haben, werden auch öfter mit Raufereien konfrontiert. Eine ernste Rauferei ist immer unschön mitanzusehen. Es gibt so derart viele Hundebesitzer, die alles zu wissen scheinen, aber wenn es um Keilereien geht, stehen viele vor einem Problem, weil sie einfach nicht wissen, wie sie diese Situation in den Griff bekommen sollen. Bei kleinen Hunden wird man sich vielleicht noch wagen, einzugreifen, was ich bei großen Hunden vielleicht nicht mehr machen würde. Endet der Disput zweier Hunde in einer Rauferei, sind Nerven gefragt. Die meisten Hundebesitzer stehen allerdings verzweifelt daneben, wenn es mal knallt.

Grundsätzlich, weil es immer wieder Leute gibt, die mit den tollen Sätzen „Der tut nix" oder „Der will nur spielen", um sich schlagen.

JEDER HUND KANN BEISSEN!!!

Deshalb möchte ich auch eine Frage beantworten, die immer wieder an mich gerichtet wird. Können sich Hunde töten und wenn ja, tun sie es auch? Klar gesagt: Ja! Sie können es, und sie tun es auch, allerdings meist nicht wirklich bewusst. Knallen ein West Highland Terrier und ein Schäferhund zusammen, sind die Chancen für den Westie eher gering. Kleine Hunde zahlen bei Raufereien mit größeren Hunden meist drauf, da ihnen die Kraft und die Masse für die Gegenwehr einfach fehlen. Wenn ein Menschlein gegen einen Wasserbüffel antritt, brauche ich mir die Chancen des Menschleins nicht erst auszurechnen. Sehr viele Raufereien wären vermeidbar, wenn die Hundebesitzer ein wenig nachdenken würden. Die Folgsamkeit meiner Hunde hat mich schon vor so mancher Rauferei bewahrt.

Nettes Beispiel, wie es immer wieder vorkommt.

Ich bin unterwegs mit fünf ausgewachsenen Schäferhunden, alle frei laufend. Natürlich gehe ich vorausschauend, bereit, die Hunde jederzeit abzurufen. Und um die nächste Ecke kommt natürlich jemand, auch mit einem großen Hund, ebenfalls freilaufend. Ich rufe meine Hunde zu mir, gehe ein Stück beiseite (es sind ja doch fünf Hunde) und lege sie ab. Nur zur Information für solche Leser, die das noch nicht wissen. Hundeführer, die sowas machen, denken sich in der Regel was dabei! Der entgegenkommende Besitzer denkt aber nicht im Traum daran, seinen Hund zu rufen, geschweige denn, zu sich zu nehmen. Dabei würde schon ein wenig Hausverstand reichen! Fünf gegen einen ist keine gute Kombination. Von mir kommt die Aufforderung, „Würden Sie bitte den Hund anleinen!" Und die altbekannte Gegenmeldung kommt postwendend. „Mein Hund tut nix!" Ja, danke, das hilft mir aber wenig, wenn ich weiß, dass ich unverträgliche Hunde bei mir habe und bekanntlich hält ein Rudel zusammen. Nochmal, fünf gegen eins ist unfair, das sehen Hunde in etwa genauso. Die sagen nämlich, fünf gegen einen, coooool, wir fünf, der allein, der ist Geschichte.

Den Leuten das aber klarzumachen, ist oft schwer bis unmöglich. Denn wenn sie dann doch bereit sind, ihren Hund zu rufen, taucht das nächste Problem auf. Hund will nicht hören! Das doofe Vieh ist mutig, mit dem Hang zur Lebensmüdigkeit. Nicht selten habe ich meinen Hunden schon befohlen, liegenzubleiben, habe den fremden Hund eingefangen und seinem Besitzer gebracht. „Ob denn meine Hunde nicht verträglich wären?" Nein, verdammt, sonst würde ich nicht zur Seite treten!

Aber was tun? Was kann man machen, wenn sich zwei Hunde in der Wolle beziehungsweise sich richtig ineinander verbissen haben?

Wenn zwei Hunde streiten, geht es meist recht laut zu. Noch geht es um das Austesten von Grenzen, um Möglichkeiten, um Kraft und Dominanz. Lässt sich der andere einschüchtern? Kann man ihn dazu bewegen, abzuhauen? Es wird gegeifert, geknurrt, Haare fliegen durch die Luft. Die Hundekörper wirbeln hin und her und man kann nicht wirklich erkennen, wer gerade wo ist. In dieser Phase würde ich da nicht reingreifen. Man kann versuchen, durch lautes Schreien und das Benutzen von Reizwörtern (wo ist das Frauli oder die Katze) die Hunde zu irritieren und von ihrem Vorhaben abzubringen. Wenn jeder Besitzer schnell in eine andere Richtung läuft und seinen Hund ruft, stehen die Chancen nicht schlecht, dass der eigene Hund kommt. So können die Hunde auseinandergehen, ohne dass einer sein Gesicht verliert.

Einen Hund während einer wirklich heftigen Auseinandersetzung nur zu rufen, bringt wenig bis nichts. Entweder er will nicht oder er kann nicht kommen, weil er vom anderen festgehalten wird.

Es ist bei einer angehenden Rauferei auch immer wichtig, dass die Hunde sich wehren können. Geht ein Hund auf einen angeleinten mit Beißkorb versehenen Hund los, stehen die Chancen mehr als schlecht. Der letzte mir bekannte Hund, der einen solchen Übergriff auszubaden hatte, wurde notkastriert, da ihm sein Gegner in die Hoden gebissen und diese teilweise abgerissen hatte. Manche Hundebesitzer versuchen auch, ihren Hund zu sich heranzuziehen beziehungsweise hochzuheben und den anderen zu vertreiben. Nicht böse sein, sind Sie lebensmüde? Ein Hund hält zehnmal mehr Bisse aus als Sie. Lassen Sie Ihren Hund los, sobald ihn ein anderer angreift, damit er sich verteidigen kann. Sie können einem Hund nichts entgegensetzen. Absolut nichts.

Auch wenn Ihr Hund klein ist. Haben Sie eine Ahnung, was Ihnen blüht, wenn Ihnen ein großer, wütender Hund in den Arm beißt, weil Sie Ihren kleinen Hund beschützen wollen? Wenn Sie schon todesmutig sein wollen, dann werfen Sie sich doch gleich auf den Angreifer ... Bitte das jetzt als Scherz zu verstehen.

Raufende Hunde gehören immer von beiden Besitzern getrennt, nicht nur von einem. Man kann versuchen, sie schnell an der Leine auseinanderzuziehen, bevor sie sich verbeißen, was aber nur geht, wenn eine Leine bei der Hand ist, bzw. wenn die Leine noch am Halsband hängt. Trägt der Hund ein Geschirr, viel Spaß, dass macht die Sache erheblich schwieriger, da der Kopf des Hundes frei ist.

Ein einzelner Hundeführer ist kaum in der Lage, zwei raufende Hunde zu trennen, besonders dann nicht, wenn die Hunde groß sind. Auch wenn Sie Ihren Hund bereits im Griff haben, wer hält den anderen, wenn sich niemand traut?

Passiert dann das Unvermeidliche, verbeißen sich die Hunde ineinander, kann man es zu zweit wagen, zuzupacken. Die Schnauzen der Hunde sind derzeit „besetzt", weswegen man an das Halsband greifen kann. Gut, wenn der Hund einen Kettenwürger trägt. So kann man ihm die Luft abdrehen, was ihn dann zum Loslassen zwingt. Trägt er ein Geschirr oder ein normales Halsband, kann man versuchen, aus der Leine einen Würger zu machen. Sobald man das Halsband zuzieht, bekommen die Hunde zu wenig Luft und werden irgendwann loslassen, da ihnen die Kraft ausgeht. Das mag sich grausam anhören, ist aber bei so manch heftiger Rauferei die einzige Möglichkeit.

Wagen Sie sich nicht an den Hals des Hundes zu greifen? Dann fassen Sie nach seinem Schwanz. Zupacken und ziehen! Vorsichtig! Allerdings sollten das hier auch wieder beide machen. Es bringt nichts, wenn einer seinen Hund zu sich zieht, und der andere dabei zuschaut.

Natürlich lassen in sich verbissene Hunde auch jetzt nicht sofort los, dann wäre es ja leicht. Aber jede Muskulatur wird müde, auch die Kiefermuskulatur, der Hund versucht nachzuschnappen und genau jetzt wäre der Augenblick, die beiden zu trennen. Handelt es sich um große Hunde, die sofort wieder aufeinander los wollen, ist es gut, sich auf seinen Hund zu setzen. Erstens hat man als Besitzer selbst einen Adrenalinstoß, ist vielleicht völlig außer Atem und aufgeputscht, zweitens wird Ihr Hund nicht die Kraft haben, sich mit Ihnen zu erheben und muss sich zwangsläufig wieder beruhigen. Lassen Sie die beiden Kontrahenten jetzt nur nicht wieder zusammen. Dann geht der Spaß von vorne los.

Raufende Hunde zu trennen ist eine kräfteraubende, nervengeladene Aktion. Wer sowas bereits gemacht hat, weiß, was Sache ist. Kein Hundeführer soll mit guten Ratschlägen um sich werfen, wie zwei Hunde zu trennen sind, wenn er noch nie zwei ineinander verkeilte Hunde gesehen, geschweige denn getrennt hat. Solche Leute haben schlicht keine Ahnung.

Seien Sie sich bewusst, dass es gefährlich ist, zwischen raufende Hunde zu gehen. Man könnte gebissen werden und dabei handelt es sich todsicher um einen richtigen Biss und um keinen Zwicker mehr.

Im Grunde sollte man solche Situationen durch Vorsicht vermeiden. Doch wenn es passiert, was ich niemandem wünsche, dann wäre es gut, das Wissen zu haben, wie dem gegenüberstehen.

Macht der Schutzdienst Hunde bissig

Nach jeder Beißattacke dieselbe Diskussion. Der Schutzdienst würde Hunde scharf machen. Man würde Hunde darauf trainieren, Menschen anzugreifen. Solche Hunde wären gefährlicher als andere. Die Abschaffung des Schutzsportes stand bereits im Raum. Sind jetzt Schutzhunde, also Hunde, die angeblich „mannscharf" gemacht worden sind, deutlich gefährlicher?

Nun, die meisten Hunde, die einen Menschen angreifen, haben oft noch nicht mal eine Begleithundeprüfung, geschweige denn eine Schutzhundeprüfung durchlaufen, also woher kommt diese Weisheit?

In unseren Breitengraden wird der Schutzsport eben als Sport betrachtet. Dem Hund wird ein bestimmtes Programm vorgelegt, dass er zu absolvieren hat. Dabei wird er auf den Ärmel fixiert, den der Helfer (Figurant) am Arm trägt. Der Hund wird darauf trainiert, sich seine Beute, in dem Fall den Ärmel, zu holen. Deswegen nennt man das Beutetrieb. Hat der Hund seinen Ärmel, ist ihm der Mensch dahinter eigentlich ziemlich egal. Sehr viele Schutzhunde dürfen ihre Beute auch stolz von dannen tragen, sogar ins Auto bringen. Im Sport ist es dem Hund wichtig, an seine heiß begehrte Beute zu kommen. Das hat wahrlich nichts mit Scharfmachen zu tun. Zu vergleichen wäre dieses

Spiel mit einem harmlosen Fetzen, den Sie Ihrem Hund gegeben haben und nun mit ihm darum ´kämpfen`. Sie zerren, der Hund zerrt, der Hund knurrt, Sie knurren vielleicht auch, und irgendwann überlassen Sie Ihrem Hund das Spielzeug. Etwas anderes macht man im Schutzsport auch nicht, nur das Programm dahinter schaut anders aus. Innerhalb dieser Ausbildung darf der Hund nicht hirnlos irgendwohin beißen und wird auch nicht unkontrolliert über den Platz auf einen Menschen gehetzt. Alles hat seine durchdachte Ordnung. Der Hund hat im Schutzsport die Möglichkeit, angeborene Triebe auszuleben, Aggressionen abzubauen und mit dem Instrument, welches er im Gesicht trägt, richtig umzugehen. Zudem lernt er, seine eigenen Triebe besser in den Griff zu bekommen, da ja nicht nur der „Biss" als solches verlangt wird, sondern auch der sofortige Abbruch. Hundeführer lernen, die Kraft ihres Hundes besser einzuschätzen und ihren Hund auch auf Entfernung zu kontrollieren. Der Schutzsport kann eine Bereicherung im Leben einer Mensch-Hunde-Beziehung sein, da neben dem eigentlichen Schutz auch die Unterordnungs- und die Fährtenarbeit verlangt werden. Alles Dinge, die sich einem Hund nicht von heute auf morgen beibringen lassen. Menschen, die diesem Sport nachgehen, haben bestimmt eine bessere Bindung zu ihrem Hund, als jene, die sich nur einmal am Tag durch die Straßen ziehen lassen.

Zudem haben Sporthundeführer meist dem Hund gegenüber eine bessere Verständigung. Auch ich habe meine Hunde im

Schutzsport geführt. Keiner von denen wurde aggressiv oder gar bissig. Im Gegenteil. Meine Hunde hatten ein Ventil, wo sie aufgestaute Energien abbauen konnten. Nach dem Training war jeder Hund müde, kaputt aber rundum zufrieden.

Wie in jeder Sportart gibt es auch beim Schutz solche Trainer und solche. Es gibt welche, die fördern den Hund, sodass er mit Spaß und Power an seine Arbeit geht, und es gibt solche, die versuchen mit Druck und Zwang den Hund zur Arbeit zu nötigen. Dann wird dem Hund bei Unfolgsamkeit auch grobe Gewalt angetan, um ihn dorthin zu bringen, wohin man ihn haben will. Dass solche Hunde dann den Beutetrieb vergessen und sich ihrer Haut wehren, ist ganz normal und hat nichts mit bissig werden zu tun, da hier wieder der Mensch Schuld hat und nicht der Hund. Doch solche Trainer gibt es nicht nur im Schutzbereich, sondern auch dort, wo man eigentlich nahezu ohne Druck arbeiten sollte. Zum Beispiel im Agilitybereich oder auch bei der Fährtenarbeit. Hunde, die dort unter Zwang ihren Job verrichten, zeigen keine schönen Leistungen. Es mag zuweilen vorkommen, dass ein besonders hartnäckiger Hund „einen Satz heiße Ohren" braucht, um zu wissen, dass verlangtes Kommando auch ernst gemeint ist. Das hat aber noch nichts mit Gewalt zu tun. Es ist sicher nicht notwendig, den Hund unter Dauerstress zu setzen, damit er irgendwie seinen Job ausübt, denn manche Methoden, die ich bereits gesehen habe, sind mehr als nur merkwürdig und sollten von jedem hinterfragt werden, der auf sich und seinen Hund etwas hält.

Bissige Hunde aus Auffangstationen oder Tierheimen

Niemand kann in einen Hund hineinschauen, wenn er im Tierheim abgegeben wird. Vielleicht benimmt er sich sogar schüchtern, vielleicht ein wenig verklemmt, sodass man vermuten könnte, der Hund ist eher einer von der weicheren Sorte. Die Besitzer erklären, er sei ganz brav, folgsam, wäre kinderfreundlich, und, und, und. Aber sie können ihn aus dem Grund XY nicht mehr halten. Jetzt wird der Hund erst mal in einen Zwinger gesteckt. Niemand kann sich jetzt mit dem Hund zusammensetzen, damit es ihm möglich ist, seine Geschichte zu erzählen. Man kann nur vermuten und aus seinem Verhalten heraus zu lesen versuchen. Vielleicht benimmt sich der Hund ganz annehmbar, da er kein Problem mit Menschen hat. Man ist versucht zu glauben, dass der Hund keine Macken hat, und gibt ihn sorglos weiter, da er eigentlich ein hübsches Tier ist. Der Hund geht also in eine neue Familie, er scheint sich wohlzufühlen, frisst, erkundet seine neue Umgebung, ist vielleicht sogar folgsam und aufmerksam. Man ist rundum zufrieden mit dem Tier und freut sich, ein neues Familienmitglied gefunden zu haben.

Aber nach drei Wochen passiert es dann. Der Hund beißt zu. Beim Spielen im Garten wollte ihm das Kind ein Spielzeug wegnehmen, um es zu werfen, oder ihn aus der Sandkiste verjagen, wie auch immer, und der Hund schnappt zu, hinterlässt vielleicht keine tiefe, aber eine blutende Wunde.

Natürlich ist man entsetzt. Aber viel ist nicht passiert, man muss eben besser aufpassen, nicht mehr so wild mit dem Hund spielen. Der nächste Unfall passiert dann im Haus. Der Hund schläft, das Kind tritt ihm versehentlich auf den Schwanz und der Hund beißt zu, diesmal nicht mehr sanft, sondern erheblich. Das Kind muss zum Arzt. Jetzt wird überlegt, nach dem Warum und Weshalb geforscht, wobei eine Frage immer wieder in den Raum gestellt wird. Ist der Hund gefährlich? Den Menschen gehen dann viele Dinge durch den Kopf. Hat man etwas falsch gemacht? Hat das Kind etwas falsch gemacht?

Niemand weiß, dass der Hund genau aus diesem Grund abgegeben worden ist. Er hat angefangen die Kinder, oder die Oma, die Tante, zu beißen. Um gröbere Übergriffe zu vermeiden, haben sich die Vorbesitzer entschieden, den Hund ins Tierheim zu bringen, sich aber mit Informationen zurückgehalten, damit der Hund auch genommen wird. Also beschreibt man den Hund als freundlich, um ihn nicht mehr mit nach Hause nehmen zu müssen. Ist er einmal weg, kommt er nicht mehr. Das Problem hat jetzt eine andere Familie.

So in etwa haben sich schon mehrere Geschichten mit Tierheimhunden abgespielt. Und auch so manche Tierheime halten mit Informationen hinterm Berg, um eben einen passenden Platz für den Hund zu finden. Mir ist ein Fall bekannt, wo der einjährige Dobermann, ebenfalls ein Hund aus dem Tierheim, ein bildhübsches Tier, dem hauseigenen Kind ins Gesicht gesprungen ist und es in die Wange gebissen hatte. Das Mädchen musste genäht werden. Der Landwirt fackelte gar nicht lange, sondern hat seinen Hund erschossen. Seine Erklärung war: „Wenn mein Hund auf mein Kind losgeht und es verletzt, hat er sein Leben bei mir verwirkt." Harte Worte, sicher keine, die jeder gerne hört, und bei denen so mancher auf die Barrikaden geht. Stellen Sie sich aber auf der anderen Seite vor, es wäre Ihr Kind, welches von einem Hund gebissen, vielleicht sogar schwer verletzt worden ist. Ich weiß nicht, ich könnte die Mordgedanken einer jeden Mutter verstehen.

Übel sieht die Sachlage für Straßenhunde aus, die im Süden oder auch im Osten Europas eingefangen und dann zu uns vermittelt werden. Man muss sich das so vorstellen. Dort leben die Hunde frei. Sie haben keinen Menschen, an den sie sich binden könnten und der sie füttert. Folglich müssen sie sich auch niemandem fügen oder sich unterordnen. Sie durchsuchen Mülleimer, Komposter, den Misthaufen am Bauernhof, jagen auch selbst, nur um zu überleben. Diese Hunde bilden sogar Gruppen, regelrechte Rudel, wo sie gemeinsam agieren. Straßenhunde sind gezwungen, sich auf ihre Instinkte zu verlassen und auf das, was sie in ihrem Straßenleben bisher gelernt haben.

Jetzt gibt es Tierschützer, die fangen solche Hunde ein, sperren sie in Zwinger und vermitteln sie nach Deutschland oder Österreich.

Im Osten Europas werden die Hunde sogar aus Tötungsstationen freigekauft und zu uns vermittelt, um zu verhindern, dass sie eben getötet werden. Die Bewohner unserer Nachbarländer haben nicht unbedingt dieses würdige Bewusstsein gegenüber Tieren, wie wir es haben. Tierschutz existiert nur bedingt. Kaum einer würde in Ungarn oder Polen auf die Idee kommen, die Zwingerhaltung oder die Kette vom Hund des Nachbarn zu beanstanden. Dort werden Hunde gehalten, wie es einem passt. Lebt der Hund als Straßenhund, tut er gut daran, sich nicht fangen zu lassen, denn nicht selten werden diese Hunde gleich an Ort und Stelle erschlagen, verwundet und verletzt. Überleben sie die Sache mit dem Einfangen, kommen sie dorthin, wo ihnen dann endgültig das Lebenslicht ausgeblasen wird. Haben Sie schon mal einen Hundefänger in Rumänien beobachtet? Es ist wirklich kein schöner Anblick und so ein Land braucht darauf nicht stolz zu sein.

Gut, jetzt haben diese Hunde bisher ein Leben, mehr oder minder in Freiheit genossen, kennen kein Halsband, keine Leine, keinen Stress, keine Unterordnung, kein regelmäßiges Futter, keinen Freitagabendverkehr, keinen Beißkorb, nichts, was das Leben hier so mitbringt. Sie kennen nur ihre Überlebensstrategie. Sie wissen, dass Menschen Essbares in Mülleimer werfen und sie wissen, dass man gefundenes Futter verteidigen muss, und sie wissen auch, dass man sich gegenüber anderen Hunden durchsetzen muss. Sie kennen keine Liebe und keine Streicheleinheiten. Das war für diese Tiere bisher nicht wichtig.

Jetzt holen wir so einen Hund aus Mitleid zu uns, geben ihm ein Halsband, legen ihn an die Leine, versehen ihn vielleicht noch mit Beißkorb, verlangen von ihm, sich einzugliedern, verträglich zu sein, sich zu fügen und unseren Dauerstress auszuhalten und behaupten, der Hund wäre glücklich.

Genauso erging es einer Familie aus meiner Nachbarschaft. Sie nahmen sich einen Hund, einen Schäfermischling, aus einer Tötungsstation. Aus Mitleid. Man wollte so einem armen Wesen ein Zuhause bieten. Der Hund war etwa zwei bis zweieinhalb Jahre alt und hatte schon zu Beginn ein Problem mit der Leine. Er wehrte sich entschieden gegen das Ding, das ihn hielt, zeigte sich furchtbar frustriert. Die Familie tat ihr Bestes und brachte es sogar fertig, dem Hund die Leine schmackhaft zu machen. Aber der Alltag mit diesem Hund war schwierig. Er band sich an keine Menschen, auch nicht an jene, die ihn fütterten. Er wollte nicht wirklich kuscheln, kannte keine Spiele, wie wir es von unseren Hunden gewohnt sind, zeigte keine Emotionen. Sein Verhalten anderen Hunden gegenüber war eher distanziert, mit der Tendenz zur Abwehr. Der Hund wollte seine Ruhe. Zu Hause stahl er alles, was essbar war. Der Mülleimer wurde regelmäßig aus dem Schrank geholt und geplündert, der Hund sprang auf Tisch und Kredenz, wenn er dort etwas witterte, versuchte sogar den Kühlschrank zu öffnen, den man dann mit einem Schloss versah. Den Hund zu strafen war fast unmöglich. Schimpfte man mit ihm oder hob nur die Hand, war er weg wie ein Pfeil. Man befürchtete, dass er massiv geschlagen worden war. Tatsache ist aber, dass Straßenhunde in ihrer Heimat mit genau diesen Bewegungen von Grundstücken und aus Gärten verjagt werden. Man schreit und hebt die Hände, um sie zu vertreiben. Sie haben gelernt, sofort abzuhauen.

Diesen Hund zu irgendwas zu motivieren war unmöglich. Er stand nur da, kein Wackeln mit dem Schwanz, schaute dumm, und dachte sich vermutlich seinen Teil. Der erste Tierarztbesuch war der Horror. Der Hund wehrte sich verbissen gegen den Tierarzt, als dieser ihm nichtsahnend im Zuge einer Allgemeinuntersuchung ins Maul schauen wollte. Nie hatte ihm jemand ins Maul geschaut. Für das Impfen brauchte man dann einen Beißkorb.

Als er das erste Mal von zwei anderen Hunden belästigt und ziemlich unsanft angepöbelt wurde, gab er Fersengeld, hatte er doch gelernt, sich durch Flucht zu entziehen. Der Hund riss sich los, sein Frauerl übersah den Schwung an der Leine, knallte auf den Asphalt, während das Tier mit fliegenden Fahnen zu seinem Haus rauschte, welches er mittlerweile als sein Heim akzeptiert hatte. Fast einen gesamten Tag war er nicht dazu zu bewegen, unter der Eckbank wieder rauszukommen.

Einige Zeit später fuhr sein Frauerl mit ihm zu einer Freundin, die auch einen Hund hatte. Vertragen sei dahingestellt, die Tiere ließen sich in Ruhe, ignorierten sich. Erst als das Frauerl des Schäfermischlings wieder gehen wollte, kam es zum Übergriff. Der hauseigene Hund ging auf den Straßenhund los, der sich sofort vehement verteidigte. Die beiden Frauen trennten die Hunde umgehend. Während der eine Hund in ein anderes Zimmer gesperrt wurde, griff das Frauerl dieses Straßenhundes an dessen Ohr, da er dort blutete. Das war der Auslöser. Der Hund drehte sich um und verbiss sich intensiv in die Wade seines Frauerls, riss daran und hinterließ wüste Verletzungen. Bis ihre Freundin soweit war, dem Hund einen Gegenstand entgegen zu werfen, der ihn zur Flucht veranlasste, waren schon gewaltige Rissquetschwunden entstanden. Die Frau musste mit der Rettung ins Krankenhaus gebracht werden, wo man sie wieder zusammenflickte. Dieser Hund wurde einige Tage später eingeschläfert.

Solche Storys sind leider kein Einzelfall. Ich hatte in meinen Jahren hier am Hof fünf Hunde aus Tötungsstationen. Lediglich einer ging als „normal" durch, die anderen verhielten sich annähernd gleich. Natürlich mag es sehr viele Fälle geben, wo es funktioniert. Man wird aber nie erfahren, wie hoch die Anzahl jener Hunde ist, bei denen es nicht funktionierte. Man will ein gutes Werk tun, hat Mitleid mit so einem Wesen, doch solche Hunde können unser Mitleid oft nicht brauchen, da sie mit unserem Leben einfach nichts anfangen können. Wir glauben, ihnen etwas Gutes zu tun, krempeln aber das Leben solcher Hunde komplett um und vergessen dabei, dass der Hund vielleicht vorher gar nicht so unglücklich gewesen ist.

Ich will nicht generell behaupten, dass Hunde aus Tierheimen oder Tötungsstationen bissig sind. Nachdem aber unsere Hunde nicht sprechen können, können sie uns auch ihre Vorgeschichte nicht erzählen. Sollte man sich für so einen Hund entscheiden, muss man sich darüber klar sein, dass diese Tiere Verhaltensweisen an den Tag legen können, mit denen wir erst lernen müssen umzugehen. Es könnte durchaus sein, dass solche Hunde bissig sind oder in ihrer Not zu Beißern werden. Man kann das vorher nicht wissen. Straßenhunde sind nicht so aufgewachsen, wie Hunde in unserem Land, wohlbehütet und versorgt. Sie sind nicht selten allein für sich verantwortlich gewesen. Ein Mensch war nie nötig, weswegen solche Hunde oft nicht einsehen, dass ein Mensch, der sie bisher überall nur verjagt hat, auf einmal wichtig sein soll. Manche Hunde haben vielleicht einschlägige Erfahrungen, können einem Menschen etwas abgewinnen, andere eben nicht. Das weiß man aber vorher nicht, weswegen man doch sehr vorsichtig bei der Wahl solcher Hunde sein sollte.

Die Dame aus meiner Nachbarschaft hat heute etwas Angst vor Hunden, kann den Vorfall nicht wirklich verarbeiten. Einen Hund hat sie sich nicht mehr genommen und die Narben werden sie immer an den Unfall erinnern. Auf meine Frage hin erklärte sie mir, sich nie wieder einen Hund aus einer Tötungsstation nehmen zu wollen, sollte sie sich jemals wieder einen zulegen.

Der Tierschutz und mein bissiger Hund

Wenn es um die Tötung eines eigentlich gesunden Hundes geht, gibt es Menschen aus verschiedenen Tierschutzorganisationen, die dabei auf die Barrikaden gehen. Jedes Tier hat ein Recht auf Leben, kein gesundes Tier darf getötet werden, es würde immer eine andere Lösung geben, und, und, und.

Vehement wird das Leben eines Tieres verteidigt, das vielleicht aus Gründen der Gefährlichkeit eingeschläfert werden soll.

Ich verstehe diese Bedenken, denn auch mir hat es sehr, sehr wehgetan, einen gesunden Hund gehenzulassen, da er für sein Umfeld einfach zu gefährlich geworden war.

Der Tierschutzgedanke ist in Ordnung, solange er angemessen ist. Wird oder ist aber ein Hund so gefährlich, dass niemand mehr die Verantwortung übernehmen will, und das Tier dazu verdammt wäre, ein Leben nur schwer gesichert zu führen, verstößt man sicherlich nicht gegen das Tierschutzgesetz, wenn man sich entschließt, diesen Hund gehen zu lassen. Tierschützer machen sich zwar manchmal sehr stark bemerkbar, doch übernehmen sie die Verantwortung dafür, wenn ein Hund schweren Schaden beim Menschen anrichtet, ganz egal aus welchem Grund? Nein, dass tun sie nicht, denn schlussendlich muss der Besitzer die Verantwortung und auch die Konsequenzen daraus tragen, und die können erheblich sein. Sind Sie Tierschützer? Haben Sie ein Kind? Überlegen Sie wirklich und ernsthaft, bei all ihrer Tierliebe, würden Sie es tolerieren, wenn Ihr eigener Hund Ihrem Kind in die Schädeldecke beißt, sodass das Kind mehrmals operiert werden muss, um es zu retten und wiederherzustellen? Wie würde es sich mit der Tierliebe verhalten, wenn Ihr kleiner, niedlicher Hund vor lauter Eifersucht in den Kinderwagen springt und Ihr Neugeborenes tötet? Wie verhalten Sie sich als Tierfreund, wenn Ihr Hund Sie selbst attackiert und Ihnen das Fleisch vom Knochen holt? Auch ich bin ein sehr großer Tierfreund, aber ich weiß was es heißt, einen gefährlichen Hund zu halten. Ich weiß, wie Verletzungen aussehen, die von einem Biss herrühren und ich weiß auch, wie unberechenbar so manches Tier sein kann. Sieht man sich der Verantwortung nicht mehr gewachsen, sollte man einem jedem Hundebesitzer zugestehen, den Weg zu wählen, den er für den Besten und Sichersten hält. Kein Tierarzt wird hirnlos einen gesunden Hund einschläfern, wenn ihm nicht klar ist, welche Gefährlichkeit von dem Tier ausgeht. Es gehört sich ganz sicher nicht, einen Hund zu töten, weil er einem im Weg ist. Da bin ich ganz auf der Seite des Tierschutzes. Aber einen Hund einschläfern zu lassen, weil man sich der Gefährlichkeit und der Verantwortung bewusst ist, hat ganz sicher nichts mit Grausamkeit, sondern etwas mit unbändiger Liebe dem Tier gegenüber zu tun. Verurteilen Sie niemanden, der seinen Hund töten lässt, weil er zugebissen hat oder zu gefährlich geworden ist.

Handhabung eines bissigen Hundes zu Hause

Es gibt Menschen, die haben einen bissigen Hund, wissen auch, dass er gefährlich ist, wollen sich aber trotzdem nicht von ihm trennen. Vielleicht ein Segen für den Hund, nicht immer für den Besitzer, der für die Verwahrung und Kontrolle verantwortlich ist.

Wir gehen mal davon aus, dass Sie im Grunde ganz gut mit Ihrem Hund können, aber trotzdem immer mal wieder Dominanz- und Respektsprobleme haben. Der Paradefall! Aber Sie wollen Ihrem Hund auch nicht alles erlauben, sind auf ein gegenseitiges Auskommen angewiesen. Gehen wir weiter davon aus, dass Ihr Hund Sie im Grunde von Herzen liebt, nur manchmal seinen Macho allzu weit hervorkehrt. Sie wollen Ihrem Hund keine Gewalt antun, wollen aber, dass er Sie doch ein wenig, vielleicht auch ein wenig mehr, respektiert.

Manche Dinge lassen sich relativ leicht klären, denn auch innerhalb eines Hunderudels wird nicht immer gleich zum Kampf übergegangen, wenn die Fronten nicht stimmen.

Überlegen Sie mal, welche Erlaubnisse Ihr Hund im Haus hat. Darf er auf die Couch, ins Bett, auf Polstermöbel? Zerkratzt er

Fensterbänke, bellt durch das Fenster, wenn draußen etwas passiert, was ihn interessiert? Überlegen Sie genau, was Ihnen gefällt, und was Ihnen eigentlich missfällt. Vielleicht wollen Sie gar nicht so unbedingt, dass Ihr Hund auf die Couch springt, da diese ständig durch Hundehaare verunreinigt wird. Vielleicht wollen Sie auch nicht, dass Ihnen der Hund bis aufs WC hinterher läuft. Vielleicht stört es Sie doch, auch wenn Sie es bisher immer gestattet haben, dass Ihr Hund auf die Fensterbank springt und hinausbellt, weil die Fensterbank schon entsprechend ausschaut und die Scheibe ständig vollgesabbert ist.

Machen Sie Ihrem vierbeinigen Freund klar, dass das Haus (für die Wohnung gilt dasselbe) Ihnen gehört und nicht dem Hund.

Klettert Ihr Hund ständig auf die Couch, dann klettern Sie ihm hinterher und schieben ihn mit Ihren Beinen wieder runter, verdeutlichen Sie ihm das mit dem Kommando „nein". Wichtig ist, dass Sie nicht heute „nein" sagen, und morgen alles wieder vergessen. Dann nimmt Sie kein Hund ernst. Klettert der Hund wieder auf die Couch, wiederholen Sie die Aktion und blockieren sein Tun. Nach dem dritten oder vierten Mal wird der Hund Sie doof anschauen, nach dem Motto, „du kannst mich mal, ich gehe woanders hin". Sie haben gewonnen. Legen Sie sich eine Wurfflasche zurecht. Eine kleine Cola Flasche, gefüllt mit ein paar Steinchen, sodass man sie gut werfen kann. Sollte Ihr Hund wieder versuchen, auf die Couch zu springen, werfen Sie ihm die Flasche hinterher und schmeißen Sie ihn wieder runter. Ihr Hund wird erschrecken oder Sie blöd anschauen, Ihr „nein" und das körperliche Hinunterjagen aber verstehen, da Sie das bereits gemacht haben. Verrollt sich der Hund mit dem „Blöde-Gans-Blick", haben Sie abermals gewonnen. Noch zweimal und Ihr Hund wird vermutlich nicht mehr auf die Idee kommen, die Couch zu benutzen. Genauso verfahren Sie nun mit dem Bett, sollten Sie Ihren Hund nicht mehr im Bett haben wollen. Auch bei der Fensterbank können Sie ähnlich verfahren. Das „Nein" sollte Ihr Hund besser verinnerlichen. Wenn Sie mächtig ärgerlich auf Ihren Hund zugehen, ihm mit dem Arm eine Richtung weisen und ihn von dort verjagen, wo Sie ihn nicht haben wollen, wird er recht schnell dahinter kommen, wer den Ton angibt. Glaubt er, Sie ignorieren zu können, benutzen Sie wieder die Wurfflasche, die er vermutlich jetzt schon kennt. Er wird entsprechend reagieren. Setzen Sie Grenzen. Ein Hund darf nicht alles.

Legt sich ihr Hund nun auf seinen Platz, in seinen Korb oder wo immer sonst hin, loben Sie ihn ab und an mit ein paar Streicheleinheiten. Er wird merken, am Platz liegen ist positiv, Couch, Bett, Fenster negativ. Nachdem Streicheleinheiten besser sind als Wurfflaschen, wird sich der Hund neu orientieren. Es dauert eine Weile, bis der Hund begreift, dass das nun immer so ist, vorausgesetzt, Sie bleiben konsequent.

Verhalten Sie sich auch bestimmend, wenn Sie sich in Ihrem Haus bewegen. Liegt Ihr Hund ständig im Weg, dann steigen Sie nicht drüber, sondern rempeln Sie ihn ruhig an, damit er aufsteht und sich auf die Seite bewegt. Man kann das noch mit einem Wort, Kommando wäre zu viel gesagt, unterstreichen, wie „geh", „verschwinde", „los, auf die Seite", irgendwas, was in unserem Sprachgebrauch üblich ist. Somit erkennt Ihr Hund, dass Sie hier die Plätze beanspruchen und er sich nicht benehmen kann, wie Graf Koks von der Gasanstalt.

Haustüre ist dasselbe. Es ist nicht weiter tragisch, den Hund zuerst aus der Haustür hinauszulassen, solange er sich draußen sofort rufen lässt und niemanden frisst. Nachdem wir aber von bissigen Hunden reden, sollte Ihr Hund vielleicht kontrolliert aus dem Haus rausgehen.

Wir benutzen selbst für unser Rudel, und wir haben immerhin bis zu zehn erwachsene Schäferhunde im Haus, ein einfaches Wort, welches immer und immer wiederholt und auch verstanden wird. Das Wort „warten". Sage ich „warten" und hebe die Hand, als ob ich die Luft zurückschieben wollte, warten die Hunde. Wenn ich „Jacks" sage, dann wissen die Jack Russell Terrier, dass sie zuerst raus dürfen. Jacks heißt nicht Schäferhund. Die haben sich zu gedulden. Wünsche ich, dass jeder Hund einzeln hinausgeht, dann rufe ich jeden Hund beim Namen auf und erlaube ihm, aus der Haustür hinauszutreten. Wer schummelt, wird wieder hinein befördert, kommentarlos. Das fördert die Aufmerksamkeit und das Mitdenken unserer Hunde. Bei einem einzelnen Hund wird das wohl nicht ganz so wichtig sein, was wichtig ist, dass Ihr Hund lernt, vor der Haustüre zu warten. Es könnte jemand draußen stehen, den Sie nicht sofort bemerken. Vergessen Sie nicht, Ihr Hund ist bissig.

Bellt Ihr Hund hirnlos an der Haustür, springt er hinauf und zerkratzt sie in allen Dimensionen, dann zeigen Sie ihm auch hier, dass das nicht erwünscht ist. „Nein, lass das", sind Wortkombinationen, die gut funktionieren. Sagen Sie Ihrem Hund, sollte er wieder einmal zur Tür hechten, dass das gar nicht gut ist. Reagiert er nicht auf „nein, lass das", dann werfen Sie ihm die Wurfflasche hinterher. Sie werden schauen, wie schnell Ihr Hund Sie anschaut und überlegt, was jetzt wieder schief gelaufen ist. Diese Schrecksekunde nutzen Sie und ordnen an, dass der Hund sich von der Haustür wegzubewegen hat. Er wird bestimmt eine Decke oder einen Korb besitzen, wo Sie ihn hinzitieren können. Reagiert er nicht, können Sie sich nochmal der Wurfflasche bedienen und mal kräftig damit schütteln. Im Normalfall sollte Ihr Hund das nun schon kennen.

Vielleicht sollten Sie sich auch angewöhnen, Ihrem Hund nicht ständig irgendwelche Befehle oder Kommandos zu geben und dann mit ihm darüber zu diskutieren, ob er die vielleicht auch ausführen möchte. Wenn Sie etwas sagen, dann fordern Sie das ein, mit Nachdruck. Ihr Hund versteht Sie auch beim ersten Mal schon ganz gut, aber er sieht nicht ein, warum er aufs erste reagieren soll, war bisher doch auch nicht notwendig. Beobachten Sie sich selbst. Wie oft geben Sie ein Kommando, bis der Hund es ausführt und wie viele Worte liegen noch dazwischen?

„Platz! Platz habe ich gesagt! Gehst du jetzt platz. Nein, hierbleiben, platz. Hör auf, platz jetzt und bleib. Platz! Platz!" Diese Diskussionssätze könnte man in beliebiger Länge weiterschreiben. Ich habe mir einst den Spaß gemacht und eine Dame in unserem Hundekurs aufgefordert, ihren Hund in die Platzposition zu bringen. Der Hund war nicht ungut, aber er ließ sich endlos bitten, weil er eben wusste, na soooo ernst meint Frauli es nicht. Ich habe ohne ihr Wissen das Ganze mit meiner Kamera aufgenommen. Der Vorgang dauert fast fünf Minuten. Danach habe ich ihr das Bühnenstück vorgespielt. Die Dame bog sich vor lauter Lachen, hatte Mühe, sich nicht in die Hose zu pinkeln, so köstlich hat sie sich amüsiert. Meinte aber, man merke es selbst nicht, aber sie werde sich in Zukunft zusammenreißen, ihrem Hund keine Geschichten und auch keine Kochrezepte mehr zu erzählen.

Geben Sie Ihrem Hund ein Kommando. Diskutieren Sie nicht, agieren Sie. Ihr Hund hat sein Kommando beim ersten Mal durchaus verstanden, jetzt liegt es an Ihnen, es umzusetzen.

Auch die Dame mit dem Dackelmix „Isi" hat trotz der Bissigkeit ihres Hundes gelernt, mit ihm umzugehen. Sie hatte herausgefunden, dass sie dem Hund nur ein Leckerli auf den Boden legen musste, dann konnte sie ihn in die Platzposition bewegen, was vorher nicht ging, da der Hund sie gebissen hätte. So hat er sein Leckerli fixiert, welches er nicht fressen durfte. Später legte er sich automatisch hin, wenn sie ihm ein Leckerli zeigte und dies mit einem Kommando verband. Für die Dame war nicht absoluter Gehorsam wichtig, sondern der Umgang, ohne gebissen zu werden. Sie hat sich immer an meine Tipps erinnert, aber Dinge dazu entdeckt, die für sie und den Hund funktionierten. Eine lobenswerte Handlungsweise.

Es gibt Kommandos, die soll der Hund einfach machen, Ende. Geben Sie Ihrem Hund keine Kommandos, wenn Sie nicht in der Lage sind, oder die Zeit nicht aufbringen können, diese auch einzufordern. Zu schnell hat der Hund spitz bekommen, dass Sie gestresst sind, und wird als Gewinner aussteigen. Nehmen Sie sich für gewisse Dinge immer etwas Zeit.

Was auch noch anzusprechen wäre, ist die Lautstärke bei der Benutzung der Kommandos. Ich habe Hundeführer erlebt, die brüllten ihre Kommandos aus vollem Leib aus sich heraus, obwohl der Hund direkt neben ihnen stand. Es sollte bekannt sein, dass Hunde um einiges besser hören, als wir Menschen, und trotzdem wird gebrüllt, dass sich die Balken biegen. Klar, der

Hund hat nie gelernt, auf leise oder normal gesprochene Kommandos zu reagieren. Die meisten Menschen geben auf, sobald der Hund beim sechsten leise gesprochenen Platz noch immer nicht liegt. Werden lauter und irgendwann kommt der Brüllton. Der Hund reagiert, also bleibt man beim Brüllton.

Gibt man das Kommando leise, hört auf zu diskutieren, sondern agiert, indem man jetzt das Kommando einfordert, wird der Hund bald auch auf dieses reagieren.

Bei einem BGH Turnier wurde mir gesagt, dass ich lauter zu sprechen hätte, da der Richter die Kommandos nicht hören würde. Nun, ich erklärte, dass das nicht an mir liegen würde, sondern ... Ich weiß nicht, was man dem Richter gesagt hat, aber meine UO schloss ich mit 98 Punkten von 100 ab. Lediglich die Kommandos „apport" und „hier" wurden vom Richter verstanden, alles andere blieb ungehört. Trotzdem meinte dieser am Ende zu mir, dass es sehr gut aussehen würde, einen Hund mit ganz leisen Stimmhilfen zu führen.

Zudem gibt es Kommandos, die man im Haus benutzt kann, ohne sie aufzulösen. Wird ein Hund „platz" geschickt, sollte er so lange liegen bleiben, bis man ihm wieder erlaubt, aufzustehen. Der Hund darf aus dem „platz" nicht selbstständig aufstehen. Hat er das gelernt und verinnerlicht, kann einem das draußen durchaus helfen. Auf „leg dich", „leg dich hin" oder „leg dich nieder", soll der Hund einfach einen Ort aufsuchen und Ruhe geben.

Sich mehr oder weniger verrollen und hinlegen. Aus diesem Kommando darf der Hund selbstständig aufstehen.

Ähnlich kann man mit anderen Kommandos verfahren. Der Erfindung sind bekanntlich keine Grenzen gesetzt.

Sprechen Sie Ihren Hund immer mit seinem Namen an, bevor Sie etwas verlangen, erwarten Sie aber nicht, dass Ihr Hund, wenn Sie seinen Namen sagen, automatisch weiß, was zu tun ist. Nachdem wir viele Hunde haben, war es notwendig, den Hunden beizubringen, dass sie Namen besitzen, auf die sie zu reagieren haben. Rufe ich „Delta", weiß Delta, dass sie gemeint ist. Sage ich „Delta, komm zu mir", weiß genau dieser eine Hund, dass er zu mir zu kommen hat. Die anderen schauen zu. Sage ich dann von mir aus „Aschanti", weiß diese Hündin, dass sie an der Reihe ist. Kommt ein Kommando, weiß genau sie, dass es für sie gilt. Würde ich allerdings nur den Namen verwenden und erwarten, dass der Hund weiß, dass er jetzt vielleicht „sitz" machen soll, warum auch immer, wird das nicht funktionieren, denn so ein Hund kann keine Gedanken lesen. Kombinieren Sie den Namen mit dem, was Sie wollen, dann kann Sie der Hund auch verstehen.

Fordern Sie zudem den Blickkontakt ein. Wenn der Hund seinen Namen hört, sollte er Sie anschauen. „Ja bitte, Frauli, was darf ich für dich tun?" Warten meine Hunde beispielsweise bei der Haustüre, sind alle Augen auf mich gerichtet und es würde nur eine Kopfbewegung reichen, den Hunden zu erlauben, hinauszugehen. Diese Dinge muss man allerdings kontinuierlich erarbeiten und ständig einfordern.

Wenn Sie nun mit ihrem Hund draußen unterwegs sind, können Ihnen diese Dinge gut helfen. Zieht Ihr Hund an der Leine, gehen Sie auf eine Wiese, wo sie ungestört sind und versuchen Sie sich in Sachen Körpersprache. Lassen Sie die Leine lang und gehen los. Ihr Hund wird wie immer nach vorne stürmen und machen, was er sonst auch tut. Jetzt kommt ein kurzer Zucker an der Leine und Sie gehen mit ihren Beinen in den Hund hinein. Schieben Sie ihn resolut auf die Seite und gehen sofort in eine andere Richtung. Das heißt, wenn Sie geradeaus gehen und der Hund hüpft vor Ihnen herum, dann rennen Sie ihn mehr oder weniger über den Haufen und versuchen ihn, mit Hilfe der Leine, dazu aufzufordern, sich links einzuordnen. Ist er links, kann man schon wieder weitergehen und jeglichen Druck vom Hund wegnehmen. Rennt Ihr Hund wieder irgendwohin, dann blockieren Sie ihn wieder mit den Beinen und machen ihm ein gemütliches Herumziehen unmöglich. Ist er links, ist die Sache wieder in Ordnung. Hundeführer, die jahrelang einen ziehenden Hund hatten, fallen bei mir oft die Augen aus dem Kopf, wenn der Hund binnen weniger Minuten bei mir an langer Leine augenscheinlich „fuß" geht, ohne dass ich je ein Kommando gegeben hätte, sondern nur, indem ich seine Zieherei und seine Unaufmerksamkeit unangenehm beanstandet habe. Diese Hunde setzen sich sogar freiwillig, wenn man stehen bleibt, und jeder Hund hat mich schlussendlich mit seinen Augen angebetet und diese neue Führung echt toll gefunden. Menschen von ziehenden Hunden sind meist inkonsequent, nachsichtig und ungeduldig, zudem selbst zu wenig aufmerksam. Sie kommunizieren nicht, sondern sie ziehen selbst ihren Hund in der Gegend herum. Vielleicht sollten Sie sich eines vor Augen halten. Das Ziehen an der Leine ist nicht angeboren, sondern von Ihnen anerzogen worden. Kein Hund zieht von Haus aus an der Leine.

Haben Sie nun richtig mit ihrem Hund gearbeitet, schaut er auf sie und weiß, dass Sie meinen, was Sie sagen. Dann brauchen Sie sich auch keine großen Sorgen um seine Gefährlichkeit machen. Kommt ein anderer Hund, kann man ihm verdeutlichen, dass auch jetzt nicht an der Leine gezogen wird. Es wird nicht gebellt, nicht gemeutert, nichts von alldem, was vorher Spaß gemacht hat, ist jetzt noch wichtig.

Meine Freundin hat eine kleine, sehr niedliche Pitbull-Hündin. Ein äußerst freundliches Tier mit einem erfrischenden Wesen. Allerdings gebärdete sie sich wild, wenn sie auf andere Hunde traf. Meine Freundin bat mich, mir das anzusehen.

Ich bat meinen Sohn, mit einem unserer Hunde, die für sowas trainiert sind, die Straße hinaufzugehen und Fußgänger mit Hund zu spielen. Ich ging mit der Pithündin meinem Sohn entgegen, während meine Freundin aus einiger Entfernung zusah. Ich beobachtete die Hündin genau. Zuerst spannte sich die Leine, dann der Hund, dann fixierte sie, als von mir das erste, leise Kommando kam, welches völlig überhört wurde. Und genau dafür setzte es sofort eine Konsequenz. Ich rempelte die Hündin energisch mit dem Fuß an, blockierte sie und scheuchte sie nach hinten. Dabei erklärte ich deutlich und scharf „nein, lass das". Die Hündin starrte mich so entgeistert an, dass sie meinen Sohn mit meinem Hund völlig vergaß. Als der dann wieder wichtig wurde, brauchte ich beim ersten Spannen der Leine nur noch „he" zu sagen und die Hündin sah mich aus ihren treuen Augen an. Dafür lobte ich sie ausführlich. Das gefiel ihr derart gut, dass ihr der andere Hund völlig egal wurde. Wir konnten vorbeigehen, stellten die Hunde einander gegenüber, nichts passierte. Die Hündin sah mich nur noch an und wartete auf dieses tolle Streicheln, das ihr so gut gefallen hatte. Damit konnte man diesen Hund also ködern. Meine Freundin fiel aus allen Wolken. Heute versucht sie natürlich ähnlich zu agieren, was ihr auch schon sehr gut gelingt. Aber sie verfällt sehr gerne in das alte Muster zurück, was der Hund natürlich schamlos ausnutzt.

Warten Sie erst gar nicht, bis ihr Hund an der Leine Terror macht. Unterbinden Sie sein Tun, bevor es soweit ist. Soviel Respekt gehört schon her.

Viele Leute fragen mich immer wieder, warum der übliche Rupfer an der Leine nicht funktioniere. Sie würden es ständig und andauernd machen und vom Hund keine nennenswerte Reaktion erhalten.

Warum nicht?

Tausende Male hat man versucht, den Hund durch einen Leinenzupfer dazu zu bewegen, nicht mehr zu ziehen. Der Hund kennt das mittlerweile in und auswendig, hat eine entsprechend harte Halsmuskulatur aufgebaut und bemerkt den kommenden Zupfer bereits, wenn Sie erst dabei sind, auszuholen. Würde ich so einen Hund nehmen, müsste ich ihn zu einem Salto veranlassen, um ihn dazu zu bringen, zu reagieren. Nachdem ich das aber nicht will, bediene ich mich Möglichkeiten, die der Hund nicht kennt. Und das Blockieren und Retourscheuchen kennen die Wenigsten und sind dann meist zutiefst beeindruckt. Einfache Mittel, die fruchten. Manchmal hilft es auch, beim Geradeausgehen dem Hund mit dem Fuß gegen die Brust zu klopfen, bevor er einen überholt. Das hat bitteschön nichts mit Treten zu tun, sondern ist eine Maßnahme, die ich schnell und effektiv ausüben kann, ohne dem Hund wehzutun. Es kann maximal passieren, dass man dabei selbst auf die Klappe fällt.

Warum ich nie mit Leckerlis arbeite, hat auch seinen Sinn. Streicheleinheiten und lobende Worte haben einen immensen Wert, wenn der Hund gelernt hat, diesen Wert anzunehmen. Zudem habe ich das immer dabei. Hat der Hund keinen Hunger, verliert ein Leckerli an Wert. Man kann es da und dort als Verstärkung einsetzen, dennoch, bei einem Zuviel an Leckerlis arbeitet der Hund nur noch für das Leckerli, nicht mehr für seinen Hundeführer. Ich persönlich möchte, dass der Hund gewillt ist, für mich etwas zu tut, weil ich die streichelnde Hand habe, und ich die lobenden Worte ausspreche. Deswegen verzichte ich ihm Training grundsätzlich auf Leckerlis.

Das hat auch noch einen weiteren Grund. Hunde, die auf Leckerlis fokussiert sind, sind dauernd auf der Suche danach und betteln ständig. Ich mag dieses Betteln nicht besonders. Meine Taschen werden nicht abgesucht und meine Hunde nehmen auch von Fremden keine Leckerlis an. Das ist großteils auch antrainiert, da ich nicht will, dass jeder meinen Hund füttert. Hat der Hund gelernt, den Wert einer streichelnden Hand und lobende Worte zu schätzen, wird er danach lechzen. Wir benutzen Begriffe wie „Good boy" oder „Good girl" oder „Feine ist sie / er". Es gibt Hunde, die ticken regelrecht aus, wenn sie das hören. Was kann schöner sein, als ein Hund, der genau für dieses Lob bereit ist, richtig Leistung zu vollbringen.

Ein Wort möchte ich auch noch zur Bewegung eines Hundes sagen. Mir fällt immer wieder auf, dass die meisten Hundebesitzer, die zu mir kommen, ihren Hunden viel zu wenig Bewegung angedeihen lassen. Der Hund wird eine Stunde am Tag an der Leine spazieren geführt, das war's dann. Hunde sind Lauftiere, aber das Laufen wird ihnen sehr oft verwehrt. Die Gesetzeslage dient auch nicht der Besserung. Allerdings ist es in meinen Augen manchmal mit Tierquälerei zu vergleichen, einem großen Hund, wie einem Dobermann, einem Rotti, einem Schäfer oder einem Jagdhund (lauffreudige Rassen gibt es sehr viele), richtige Laufbewegung zu verwehren, indem man ihn nur an der Leine Gassi führt und selbst das auf ein Minimum begrenzt. Sehr oft beschränkt sich dieses Gassi gehen auch nur auf eine halbe Stunde am Tag, da nicht mehr Zeit ist. Das ist definitiv zu wenig und Frust baut sich eher auf, als ab. Bissige Hunde kann man nicht immer von der Leine lassen. Besitzer bissiger Hunde wissen das, weswegen sie es nicht machen. Aber es gibt auch andere Möglichkeiten der Bewegung. Man könnte beispielsweise laufen gehen und den Hund mitnehmen, oder Radfahren. Eine Radtour von 20 km und schon ist der Hund körperlich ausgelastet. Leute, die jetzt sagen, sie hätten dafür keine Zeit oder keine Lust, hätten sich vielleicht keinen Hund zulegen sollen, denn ein Hund beinhaltet nicht nur, ihn zu füttern und zu pflegen, sondern auch seine körperlichen Bedürfnisse zu erfüllen. Laufen und rennen. Selbst bissige oder ungute Hunde sind dafür dankbar und die meisten bissigen Hunde verhalten sich in ihrem Wesen ruhiger und ausgeglichener, wenn sie die Grundsätze ihrer Bedürfnisse erfüllt bekommen.

Macht Rohfleischfütterung den Hund wild

Warum sich dieser Blödsinn hartnäckig in den Köpfen der Hundehalter hält, weiß ich nicht. Der Blutgeschmack oder Rohfleischgeschmack würde Hunde aggressiv und wild machen. Somit müsste jeder Hund, der ausschließlich mit Rohfleisch gefüttert wird, eine nicht zu bändigende Wildsau sein.

Rohfleisch macht keinen Hund wild. Von Rohfleisch fangen manche Hunde maximal fürchterlich zu stinken an, da deren Ausdünstungen andere sind, aber es verändert nicht ihr Wesen und fördert auch nicht den Jagdtrieb. Rohfleisch ist bestimmt eine willkommene Abwechslung auf dem Hundespeiseplan und auch ganz sicher nicht ungesund. Gut, Hunde, die bisher nur Trockenfutter bekommen haben, werden auf Rohfleisch reagieren und erst mal fütterungsbedingten Durchfall bekommen. Hunde, die Abwechslung gewohnt sind, werden sich darauf freuen. Unsere Hunde bekommen einmal in der Woche Rohfleisch. Sie fressen es mit Genuss, wie wir Menschen eine Tafel Schokolade oder ein Stück Torte verzehren. Aber bisher hat keiner meiner Hunde sein Wesen verändert oder wäre auf die Idee gekommen, sich sein Rohfleisch selbst zu besorgen. Die Winde, die die Gedärme der Hunde verlassen, sind zwar manchmal gewöhnungs-bedürftig, aber relativ schnell wieder vorbei.

Die Rohfleischfütterung ist Einstellungssache. Trockenfutter riecht immer gut und ist immer sauber. Rohfleisch ist manchmal mit Gestank (roher Pansen/Kuttelfleck) und auch mit Schmiererei (blutiger Schlund, der über den Boden gezerrt wird) verbunden. Das muss man ganz einfach mögen. Und wie gesagt, riecht Ihr Hund hinterher etwas streng, dann werden Sie das aushalten müssen. Beim Trockenfutter passieren solche Dinge nicht, aber ganz sicher wird der Hund durch Rohfleisch nicht wild. (Meine Nachbarin würde sich etwas mehr „Wildheit" bei ihrer vierbeini-gen Schlafmütze wirklich wünschen. Dieser Hund wird aus-schließlich mit rohem Fleisch gefüttert.)

Erste Hilfe bei einem Hundebiss

Es ist passiert. Ihr Hund hat zugebissen. Oh mein Gott, was tun, wie verhalten? Die Nerven rotieren, Adrenalin schwimmt durch die Adern.

Hat der eigene Hund wirklich zugebissen, rinnt Blut, liegen die Nerven blank. Zusätzlich haben dann viele Leute Angst einfach zu helfen, wollen nichts falsch machen, reagieren panisch.

Bei der Ersten Hilfe kann man eigentlich nur einen wirklichen Fehler machen. Nämlich nicht zu helfen. Danebenstehen und glotzen kann jeder.

Niemand verlangt von Ihnen, profimäßig Erste Hilfe zu leisten. Dafür gibt es andere. Aber man kann zumindest ein paar Kleinigkeiten tun.

Hat Ihr Hund zugebissen, ist das Erste, was sie zu tun haben, den Hund wegzusperren, anzubinden beziehungsweise außer Reichweite zu schaffen. Weg mit dem Tier, welches für das verantwortlich ist. Das Zweite ist, den Gebissenen auf keinen Fall allein lassen, dass Dritte, Rettung anrufen. Wer schon diese einfachen Dinge nicht schafft, sollte sich niemals wünschen, irgendwann mal auf fremde Hilfe angewiesen zu sein. Das kann jeder. 144 Notrufnummer der Rettung in Österreich 112 europäischer Notruf. Ein Handy hat nahezu jeder und so nebenbei „Helfen ist unsere Pflicht!"

Ein Gebissener ist in einer Schocksituation. Wenn man schon nicht weiter weiß, kann man ihn an Ort und Stelle auf den Boden setzen, damit er nicht umfällt. Der Kreislauf wird sich bemerkbar machen, vielleicht wird dem Gebissenen übel und er muss kotzen. Mein Gott, ist es so schwer bei ihm zu bleiben, ein Handtuch, Fetzen oder Kleidungsstück zu organisieren und ihm damit den Mund abzuwischen?

Wagt man sich nicht eine blutende Wunde anzufassen, muss man das auch nicht, aber man kann die Gliedmaße zumindest ruhig liegen lassen. Blutet der Gebissene stark und hat man keine Ahnung, wie man eine Blutung stoppt (niemand kann verlangen, dass sie das wissen), dann nehmen Sie eben das Handtuch oder jenes Kleidungsstück und drücken Sie es drauf so gut Sie können. Ist die Rettung angerufen, dauert es nur Minuten. Minuten, in denen Sie dem Verletzten eine wertvolle Stütze sein können. Wird Ihnen vom Anblick des Blutes übel, (ich kann kein Blut sehen …) ja dann gucken Sie eben nicht hin. Wird Ihnen schlecht, dann übergeben Sie sich eben. Niemand wird Ihnen das krummnehmen.

Sprechen Sie mit dem Verletzen, fragen Sie ihn irgendwas, fordern Sie ihn auf, sich mit Ihnen zu unterhalten, das lenkt nicht nur den Verletzten, sondern auch Sie ab.

Ist der Verletzte ein Kind, dann versuchen gerade Sie, ruhig zu bleiben. Das Kind wird brüllen und weinen, vielleicht sind Verwandte bei dem Kind. Zu sprechen, Fragen zu stellen, lenkt in jedem Fall ab. Greifen Sie beherzt zu, wenn eine Mutter glaubt, hysterisch werden zu müssen. Erklären Sie ihr mit Nachdruck, dass sie ihrem Kind nicht hilft, wenn sie selbst außer Kontrolle gerät.

Solche Situationen sind Ausnahmesituationen. Ruhe zu bewahren ist immer leicht gesagt, selten leicht getan. Ein Sanitäter ist mit diesen Situationen vertraut, Sie vielleicht nicht. Niemand nimmt es Ihnen übel, wenn Ihre Nerven flattern, wenn Sie heulen oder in die Knie gehen. Sie können definitiv nichts falsch machen, außer eben nicht zu helfen. Denken Sie daran, es sind immer nur Minuten, bis richtige Hilfe kommt, bis die Rettung eintrifft. Minuten, die Ihnen vielleicht wie Stunden vorkommen werden, aber es sind nur Minuten. Haben Sie die Rettungsleitstelle angerufen, sind Sie mit einer Person verbunden, die mit Ihnen spricht, bis die Rettung vor Ort ist. Sie wird Ihnen sagen, was in der einzelnen Situation zu tun ist, was Sie machen sollen. Behalten Sie soweit die Nerven, dass Sie der Rettungsleitstelle die Verletzung beschreiben können. Man wird Fragen an Sie richten, die sollten Sie beantworten können, ohne hysterisch zu werden. Je besser Ihre Beschreibung ist, desto schneller ist professionelle Hilfe bei Ihnen. Ist die Rettung einmal da, übernehmen die. Jetzt können Sie sich ausruhen.

Hundebisse sind scheußlich, sehen unschön aus, sind schmerzhaft und blutig. Ich wünsche dies niemandem. Aber gehen Sie bitte nie an jemanden vorbei, der Hilfe braucht. Nicht zu helfen ist strafbar. Und wenn Sie wirklich nicht wissen, was Sie tun sollen, dann haben Sie schon geholfen, indem Sie nicht vorbei gegangen sind.

Ein bissiger Hund ist immer eine Aufgabe

Bissige Hunde sind generell eine Aufgabe. Es ist entsprechend leichter, mit einem sanften und freundlichen Hund unterwegs zu sein, als mit einem bissigen, auf den man ständig aufzupassen hat. Seien Sie sich Ihrer Verantwortung bewusst und scheuen Sie sich nie zu sagen „Vorsicht, bissig". Es darf Ihnen nicht zu blöd sein, auf die Gefährlichkeit Ihres Hundes hinzuweisen. Sie werden immer mal wieder auf Unverständnis stoßen. Auf Hundeführer, die alles besser wissen, die Ihnen Tipps geben wollen, wie man mit solchen Hunden umgeht. Pfeifen Sie auf diese Tipps, denn das sind meist Hundeführer, die noch nie einen bissigen Hund hatten. Sie sind allein für Ihren Hund verantwortlich und müssen auch die Verantwortung tragen, wenn ihr Hund wirklich zubeißt. Verharmlosen Sie nie Ihren Hund, wenn Sie wissen, dass er auf gewisse Dinge heftig reagiert, und respektieren Sie die leidigen Unarten, die Ihren Hund gefährlich werden lassen. Sie können sein Verhalten in richtige Bahnen lenken, aber Sie können Ihren Hund nicht ändern. Ich finde es immer wieder verantwortungslos, wenn Trainer behaupten, sie könnten solche Hunde umpolen und aus einem bissigen und gefährlichen eine Flasche machen. Besitzer werden oft im guten

Glauben gelassen, dass das geht. Geht nicht. Aus Erfahrung weiß ich, dass sowas gerne zu sorglos betrachtet wird. Zudem wird der Trainer nicht dafür geradestehen, wenn genau dieser Hund, den man angeblich umgepolt hat, dann doch wieder zum Zubeißer geworden ist.

Zudem sollten sich Besitzer freundlicher Hunde die Warnung eines anderen Hundeführers zu Herzen nehmen. Bittet Sie jemand Ihren Hund anzuleinen, hat das seinen Grund. Tun Sie es einfach und lassen Sie Diskussionen darüber. Hat Ihr Hund Probleme mit der Folgsamkeit, dann arbeiten Sie daran. Nichts ist schlimmer für den Besitzer eines bissigen Hundes, wenn ein anderer auf ihn zu rennt und überhaupt nicht hören will. Das kann nicht gut gehen. Es hat nichts mit Verantwortung zu tun, einen Hund, der auf taub schaltet, einfach laufen zu lassen und ihn mit „Der tut nix" oder „Der will nur spielen" zu betiteln. Kann schon sein, dass der nur toben will, das gilt aber nicht für den bissigen.

Natürlich kann es passieren, dass ein normal folgsamer Hund einmal nicht hört, dann agieren Sie aber entsprechend und seien Sie sich auch nicht zu gut, sich zu entschuldigen.

Als ein Jagdhund beim Ausritt auf das Pferd meiner Tochter zulief, es erschreckte, sodass meine Tochter abgeworfen wurde, durften wir uns noch die hübsch untermalten Beleidigungen anhören, die die Botschaft enthielten, dass wir im Wald eigentlich nichts verloren hätten. Ich fing die Stute ein und jagte hinter dem bescheuerten Hund her, der nicht aufhören konnte, die Pferde anzubellen, da es seinem Besitzer nicht möglich war, ihn zu kontrollieren. Die Stute meiner Tochter war nervös. Als der Hund versuchte, in die Beine meines Hengstes zu beißen, feuerte der aus und streifte den Hund mit dem Huf. Daraufhin verrollte er sich jammernd zu seinem Besitzer. Mir wurde noch mit Schlägen und einer Anzeige gedroht. Sowas muss nicht sein. Wenn schon etwas passiert, bei dem mein Hund beteiligt ist beziehungsweise Schuld hat, kann man sich zumindest entschuldigen.

Manchmal sind allerdings die Ansichten der Hundebesitzer etwas seltsam. Was, wenn sich meine Tochter etwas gebrochen hätte, oder das Pferd auf die Straße gelaufen wäre und einen Unfall verursacht hätte? Sind wir dann schuld, weil wir zufällig den Weg des Jagdhundes mit seinem Besitzer gekreuzt haben?

Jeder liebt seinen Hund, keine Frage, aber kein Hund hat Narrenfreiheit. Etwas mehr Toleranz wäre bestimmt angebracht und man könnte sinnlose Streitereien vermeiden.

Vielleicht konnte ich Ihnen mit diesen Worten helfen, Ihren bissigen oder gefährlichen Hund als solchen zu akzeptieren, oder vielleicht haben Sie es auch geschafft, sich Ihrem Hund gegenüber etwas mehr Respekt zu verschaffen, sodass er nicht ganz so gefährlich ist, wie Sie geglaubt haben. Wenn es so ist, dann wissen genau Sie, was es für mich bedeutet hat, dieses Buch zu schreiben.

In diesem Sinne wünsche ich Ihnen noch lange schöne Jahre mit Ihrem bissigen Hund.

ENDE

Mein Wissen habe ich mir nicht aus den Fingern gesaugt, wie immer mal wieder behauptet wird, und es wird immer wieder Menschen geben, die mich kritisieren, weil ich eben Zeilen wie diese zu Papier bringe und es auch noch wage, sie zu veröffentlichen. Diese Menschen benutzen dann Foren oder Social Networks, um sich über mich auszulassen. Ich kenne diese Leute meist nicht, die jedoch sehr oft, Dinge von mir wissen, die noch nicht mal ich kenne.

Ich jedenfalls weiß eines! Kaum einem gelingt es ein Rudel von mehr als zehn Hunden ohne Zwinger und Leine zu halten und zu führen, und das nur mit der Macht der Körpersprache.

Bücher wie dieses, genauso wie das Buch „Ich bin Mitglied eines Hunderudels" sollen dem besseren Verständnis zwischen Mensch und Hund dienen, welches manchmal sehr ins Wanken geraten ist, ist keineswegs bös gemeint noch will ich damit jemanden angreifen. Sollte sich jemand angesprochen fühlen, so tut es mir leid. Ich für meinen Teil weiß, dass es sehr viele Menschen mit bissigen Hunden gibt, die mit ihrer Situation todunglücklich sind, aber manchmal die Stütze brauchen, zu verstehen, dass manches nicht zu ändern ist, sondern akzeptiert werden muss. Vielleicht kann ich diesen Leuten mit meinen Zeilen etwas helfen oder jene zum Umdenken bewegen, die noch nie einen bissigen Hund hatten, noch nie vor einem blutig gebissen

Kadaver standen, aber genau zu wissen scheinen, was zu tun ist.

Schon seit Jahren lebt Sandy Kien zusammen mit ihren Hunden in tiefer Gemeinschaft. Ohne Zwinger und dem Dasein des ständigen angebunden und eingesperrt Seins, lenkt sie ein sehr großes Rudel von mehr als zehn großen Hunden, wobei nur Blicke und Zeichen reichen, die Tiere zu manövrieren, zu disziplinieren und zu motivieren. Wie sie das macht? Ihr eigenes Rudel hat ihr gezeigt, wie es geht, hat sie unterrichtet und sie fühlen lassen, wie Hunde ticken. Heute ist sie Mitglied ihres eigenen Rudels, an einer Position, die sie sich verdient und nicht einfach eingenommen hat.

Sandy Kien gibt ihr faszinierendes Wissen in diesem Buch weiter und lässt auch Sie für einige Zeit Mitglied eines Rudels sein. Durch sie und dieses Buch könnten auch Sie lernen, Ihren Hund als Hund zu verstehen und einen Blick in seine Seele zu werfen.